DISCLAIMER

The author and publisher are providing this book and its contents on an "as is" basis and make no representations or warranties of any kind with respect to this book or its contents. The author and publisher disclaim all such representations and warranties, including but not limited to warranties of merchantability. In addition, the author and publisher do not represent or warrant that the information accessible via this book is accurate, complete, or current.

Except as specifically stated in this book, neither the author nor publisher, nor any authors, contributors, or other representatives will be liable for damages arising out of or in connection with the use of this book. This is a comprehensive limitation of liability that applies to all damages of any kind, including (without limitation) compensatory; direct, indirect, or consequential damages; loss of data, income, or profit; loss of or damage to property; and claims of third parties.

BESTACTIVITYBOOKS.COM

FIRST EDITION - Published 2022

Extra Graphic Material From: www.freepik.com
Thanks to: Alekksall, Starline, Pch.vector, Rawpixel.com, Vectorpocket, Dgim-studio, Upklyak, Macrovector, Stockgiu, Pikisuperstar & Freepik.com Designers

This Book Comes With Free Bonus Puzzles

Available Here:

BestActivityBooks.com/WSBONUS20

5 TIPS TO START!

1) HOW TO SOLVE

The Puzzles are in a Classic Format:

- Words are hidden without breaks (no spaces, dashes, ...)
- Orientation: Forward & Backward, Up & Down or in Diagonal (can be in both directions)
- Words can overlap or cross each other

2) ACTIVE LEARNING

To encourage learning actively, a space is provided next to each word to write down the translation. The **DICTIONARY** allows you to verify and expand your knowledge. You can look up and write down each translation, find the words in the Puzzle then add them to your vocabulary!

3) TAG YOUR WORDS

Have you tried using a tag system? For example, you could mark the words which have been difficult to find with a cross, the ones you loved with a star, new words with a triangle, rare words with a diamond and so on...

4) ORGANIZE YOUR LEARNING

We also offer a convenient **NOTEBOOK** at the end of this edition. Whether on vacation, travelling or at home, you can easily organize your new knowledge without needing a second notebook!

5) FINISHED?

Go to the bonus section: **MONSTER CHALLENGE** to find a free game offered at the end of this edition!

Want more fun and learning activities? It's **Fast and Simple!**
An entire Game Book Collection just **one click away!**

Find your next challenge at:

BestActivityBooks.com/MyNextWordSearch

Ready, Set... Go!

Did you know there are around 7,000 different languages in the world? Words are precious.

We love languages and have been working hard to make the highest quality books for you. Our ingredients?

A selection of indispensable learning themes, three big slices of fun, then we add a spoonful of difficult words and a pinch of rare ones. We serve them up with care and a maximum of delight so you can solve the best word games and have fun learning!

Your feedback is essential. You can be an active participant in the success of this book by leaving us a review. Tell us what you liked most in this edition!

Here is a short link which will take you to your order page.

BestBooksActivity.com/Review50

Thanks for your help and enjoy the Game!

Linguas Classics Team

1 - Antiques

画	鱼	针	利	戏	趣	恢	绘	猎	珠	放	钓	图	钓	放
法	趣	针	摄	针	园	读	复	园	宝	纫	潜	阅	乐	游
球	阅	技	陶	魔	画	织	工	松	能	跳	技	放	品	棒
猎	棒	篮	品	图	钓	戏	艺	潜	价	动	技	品	击	艺
放	游	读	缝	动	读	能	画	拼	格	读	工	放	乐	松
质	缝	游	放	图	艺	技	异	球	球	露	绘	篮	露	乐
量	正	绘	能	露	拼	利	常	暇	击	活	雕	塑	摄	织
露	宗	读	老	益	动	技	舞	舞	动	装	饰	性	的	艺
拳	影	拍	家	具	魔	狩	读	戏	艺	硬	币	投	活	术
工	钓	卖	技	钓	品	术	击	瓷	戏	读	乐	露	资	读
游	趣	放	跳	缝	阅	击	几	价	值	读	纫	陶	阅	技
画	法	潜	针	瓷	跳	工	十	风	格	放	法	猎	足	读
廊	跳	优	雅	狩	戏	跳	年	放	园	放	瓷	摄	艺	戏
拼	拳	松	跳	世	篮	摄	品	戏	远	艺	工	猎	趣	棒
法	潜	瓷	摄	术	纪	法	足	球	篮	绘	纫	魔	法	舞

艺术
拍卖
正宗
世纪
硬币
几十年
装饰性的
优雅
家具
画廊

投资
珠宝
价格
质量
恢复
雕塑
风格
异常
价值

2 - Food #1

花	缝	趣	潜	乐	棒	艺	篮	趣	松	棒	糖	草	击	金
生	织	大	露	游	篮	图	瓷	盐	营	利	动	活	莓	枪
利	益	麦	法	画	拳	画	舞	织	瓷	篮	利	营	法	鱼
芜	潜	游	球	肉	桂	鱼	远	利	游	纫	影	艺	沙	拉
菁	园	放	摄	足	击	园	品	舞	魔	钓	跳	猎	钓	织
营	篮	摄	读	品	趣	击	柠	杏	绘	利	魔	戏	拼	松
术	读	潜	松	跳	纫	戏	檬	钓	纫	狩	舞	钓	品	篮
阅	球	能	洋	葱	足	影	露	针	跳	猎	纫	绘	乐	拳
跳	放	牛	足	营	营	园	绘	戏	暇	魔	菠	织	潜	画
篮	钓	奶	鱼	画	狩	魔	活	阅	鱼	趣	菜	画	品	拼
大	乐	园	图	远	跳	舞	绘	能	陶	织	针	园	工	篮
蒜	影	乐	舞	猎	猎	狩	罗	勒	动	果	汁	瓷	舞	拳
技	益	露	汤	乐	梨	钓	篮	瓷	缝	棒	猎	图	钓	影
艺	远	鱼	益	阅	技	放	缝	胡	萝	卜	鱼	鱼	画	猎
营	动	鱼	跳	缝	趣	法	瓷	读	暇	放	品	篮	影	品

大麦
罗勒
胡萝卜
肉桂
大蒜
果汁
柠檬
牛奶
洋葱
花生
沙拉
菠菜
草莓
金枪鱼
芜菁

3 - Measurements

暇	活	益	拳	拳	鱼	篮	园	厘	米	鱼	远	里	魔	瓷
利	利	魔	益	图	术	能	猎	戏	潜	法	戏	公	潜	能
棒	动	深	陶	英	猎	益	营	织	品	法	放	趣	斤	戏
魔	动	度	宽	寸	能	画	重	量	质	潜	技	营	吨	读
能	狩	猎	拼	拳	球	放	盎	司	卷	乐	品	暇	暇	工
击	瓷	足	球	钓	术	球	益	趣	鱼	术	放	缝	利	狩
技	绘	阅	潜	图	升	钓	鱼	活	法	趣	利	益	魔	园
技	活	露	游	魔	园	猎	拼	篮	足	瓷	克	球	乐	陶
影	暇	乐	棒	绘	绘	篮	陶	织	暇	缝	球	阅	瓷	技
游	纫	益	利	瓷	分	纫	钓	技	暇	游	陶	击	艺	影
足	棒	缝	字	节	钟	摄	品	猎	动	活	法	棒	击	猎
长	读	法	绘	织	品	脱	影	影	戏	能	拼	绘	拼	魔
度	魔	游	狩	拼	艺	影	针	画	缝	暇	十	米	工	影
活	园	法	阅	缝	鱼	游	高	度	绘	针	读	进	陶	阅
游	活	拼	暇	图	戏	篮	纫	舞	游	营	球	动	制	狩

字节
厘米
十进制
深度
高度
英寸
公斤
公里

长度
质量
分钟
盎司
品脱
重量
宽度

4 - Farm #2

钓	狩	拳	陶	能	击	缝	狩	松	篮	阅	拖	牛	法	露
纫	陶	灌	溉	放	工	利	纫	篮	营	阅	拉	奶	跳	技
拳	术	影	乐	术	纫	法	跳	品	纫	影	机	拳	营	工
农	民	画	果	瓷	园	蔬	击	绘	绘	品	益	营	猎	绘
舞	鸭	狩	艺	园	能	菜	读	利	法	跳	瓷	工	击	足
品	暇	拳	猎	魔	足	钓	大	麦	跳	工	拼	活	能	图
乐	瓷	人	艺	乐	拼	法	纫	钓	营	趣	益	狩	远	针
利	陶	羊	肉	食	松	击	潜	摄	松	艺	织	影	艺	趣
谷	仓	牧	陶	技	物	跳	利	绘	狩	园	品	陶	戏	狩
绘	针	影	品	工	动	玉	陶	能	风	车	法	活	品	棒
技	瓷	狩	阅	活	游	米	篮	水	织	趣	绘	织	动	益
美	击	动	趣	瓷	露	营	品	足	果	瓷	阅	舞	法	狩
洲	利	乐	露	乐	陶	艺	织	跳	活	营	露	能	狩	小
驼	露	钓	影	趣	技	营	利	品	跳	陶	针	草	读	麦
织	拳	潜	法	阅	利	艺	品	趣	羊	能	戏	甸	益	动

动物
大麦
谷仓
玉米
农民
食物
水果
灌溉
羊肉
美洲驼
草甸
牛奶
果园
牧羊人
拖拉机
蔬菜
小麦
风车

5 - Books

戏	棒	园	鱼	潜	绘	鱼	放	趣	棒	猎	文	缝	球	松
球	潜	露	上	营	远	趣	游	艺	击	猎	学	瓷	收	藏
活	读	放	狩	下	猎	钓	露	品	拼	球	拳	织	利	动
篮	摄	游	营	园	文	读	品	拳	技	趣	拼	拳	动	猎
跳	工	艺	球	球	故	工	潜	读	者	技	暇	猎	游	拼
足	乐	钓	术	拳	事	法	趣	露	作	利	露	潜	营	拼
拼	拳	露	棒	瓷	图	益	跳	拼	悲	击	绘	松	动	绘
游	露	瓷	小	说	相	瓷	棒	纫	剧	趣	狩	冒	绘	阅
击	阅	页	工	园	关	潜	击	工	工	营	鱼	险	钓	跳
篮	篮	猎	图	技	的	史	历	织	图	趣	图	旁	白	瓷
球	击	狩	活	歌	诗	园	拳	瓷	游	活	戏	猎	远	球
猎	绘	发	瓷	舞	史	图	技	利	图	缝	园	二	元	性
陶	瓷	明	品	读	跳	击	幽	品	图	书	面	的	球	动
术	缝	艺	篮	潜	拼	跳	默	动	缝	钓	拳	缝	摄	活
潜	工	读	游	潜	纫	游	利	工	拼	戏	棒	工	舞	球

冒险
作者
收藏
上下文
二元性
史诗
历史的
幽默
发明
文学
旁白
小说
诗歌
读者
相关的
故事
悲剧
书面的

6 - Meditation

工	动	纫	游	瓷	露	远	游	远	跳	游	猎	术	营	摄
鱼	情	观	游	鱼	图	营	营	技	戏	放	织	针	法	瓷
拼	绪	察	舞	趣	鱼	拼	露	绘	动	醒	钓	平	静	摄
钓	活	戏	击	针	术	魔	潜	技	篮	活	透	跳	鱼	露
棒	戏	游	园	读	营	缝	明	拼	魔	钓	影	视	洞	工
法	动	阅	纫	魔	绘	活	晰	沉	默	图	心	理	察	活
图	松	瓷	狩	益	钓	幸	暇	大	自	然	乐	影	力	瓷
暇	击	影	狩	猎	缝	鱼	福	园	品	纫	画	暇	营	狩
远	远	织	接	游	活	利	织	品	画	动	舞	法	艺	篮
园	技	园	受	音	乐	露	棒	工	运	动	瓷	品	篮	拼
远	动	鱼	钓	能	棒	善	针	跳	图	放	露	陶	放	舞
影	跳	趣	感	激	园	良	猎	画	品	能	趣	远	潜	远
呼	吸	暇	法	影	篮	鱼	艺	猎	纫	拳	潜	艺	同	情
钓	远	和	图	摄	活	技	猎	术	舞	陶	陶	益	图	暇
缝	松	足	平	魔	习	惯	织	狩	篮	钓	魔	猎	篮	摄

接受
呼吸
平静
明晰
同情
情绪
感激
习惯
幸福
洞察力

善良
心理
运动
音乐
大自然
观察
和平
透视
沉默

7 - Days and Months

十	月	八	二	星	动	星	篮	缝	舞	月	暇	针	松	狩
活	三	二	五	期	星	期	狩	游	猎	乐	图	猎	画	纫
四	期	星	历	日	星	六	画	动	潜	织	戏	魔	戏	针
技	星	缝	拳	品	缝	法	拼	趣	一	艺	能	活	星	织
趣	益	术	乐	法	远	钓	艺	鱼	月	七	绘	棒	期	远
针	图	瓷	游	篮	阅	放	益	魔	放	月	趣	拼	一	技
舞	钓	技	摄	读	暇	能	猎	瓷	品	一	工	艺	足	篮
击	戏	工	跳	九	戏	棒	乐	读	陶	十	利	利	阅	益
瓷	摄	拳	棒	松	月	舞	纫	远	瓷	猎	画	法	露	露
篮	远	法	潜	工	摄	周	松	松	工	猎	绘	足	松	舞
暇	工	益	跳	活	营	读	纫	艺	游	足	篮	绘	影	术
球	画	拼	钓	能	图	猎	画	益	游	工	趣	远	针	画
远	益	针	影	能	击	击	猎	魔	潜	园	工	跳	游	乐
跳	露	四	月	年	品	棒	钓	纫	棒	瓷	篮	魔	陶	画
潜	球	棒	利	利	足	摄	篮	篮	暇	篮	松	球	拳	跳

四月
八月
日历
二月
星期五
一月
七月
三月
星期一
十一月
十月
星期六
九月
星期日
星期四
星期二
星期三

8 - Energy

拳	瓷	缝	瓷	阅	园	活	针	松	钓	拼	乐	瓷	鱼	游
绘	击	戏	影	利	篮	营	钓	远	品	篮	活	织	远	潜
拳	纫	艺	舞	柴	油	摄	潜	动	污	游	拳	画	法	绘
马	达	图	影	核	品	利	球	纫	染	活	影	魔	跳	绘
术	钓	风	棒	术	织	篮	松	园	绘	电	瓷	缝	戏	术
暇	棒	趣	游	法	阅	远	露	术	猎	狩	乐	氢	汽	品
松	活	跳	织	读	暇	放	游	游	潜	阅	工	绘	油	热
远	熵	品	鱼	潜	益	球	远	戏	篮	涡	轮	电	池	动
艺	读	陶	纫	能	暇	活	能	魔	钓	园	品	引	放	瓷
营	狩	戏	法	影	再	生	舞	电	子	光	球	篮	擎	艺
击	狩	品	缝	棒	拳	针	园	术	技	潜	露	放	趣	图
球	松	游	燃	工	跳	棒	鱼	艺	利	艺	球	露	影	纫
图	工	业	阅	料	工	舞	碳	画	瓷	益	拼	图	工	棒
环	境	营	篮	益	远	松	营	远	阅	影	影	能	拳	松
放	游	读	钓	放	趣	击	棒	技	魔	跳	工	能	技	品

电池
柴油
电子
引擎
环境
燃料
汽油

工业
马达
光子
污染
再生
涡轮

9 - Archeology

图	化	石	碎	能	营	猎	影	绘	利	露	乐	猎	暇	研
瓷	拳	暇	陶	片	绘	缝	发	现	画	活	对	象	舞	究
骨	头	鱼	器	能	放	远	画	瓷	品	工	暇	品	瓷	员
图	乐	缝	纫	猎	远	未	阅	拼	技	后	拼	活	猎	瓷
艺	鱼	放	钓	工	墓	知	评	钓	工	狩	裔	能	鱼	潜
跳	篮	法	魔	戏	针	益	估	篮	棒	魔	专	图	术	园
工	陶	舞	陶	球	跳	绘	鱼	织	神	秘	乐	家	品	远
足	篮	寺	庙	活	鱼	露	放	技	猎	纫	影	针	纫	跳
狩	狩	鱼	营	魔	摄	针	狩	益	陶	动	团	队	活	动
织	拼	图	放	读	园	足	品	篮	魔	益	拼	能	松	能
暇	魔	文	明	法	趣	利	棒	法	纫	园	品	击	动	读
拳	篮	技	潜	鱼	活	游	品	图	露	棒	艺	织	动	针
古	术	纫	利	趣	技	摄	棒	球	画	遗	猎	摄	工	拳
代	能	猎	画	放	游	影	舞	活	拼	迹	针	益	技	暇
图	纫	织	趣	暇	篮	术	陶	拳	时	代	分	析	暇	松

分析
古代
骨头
文明
后裔
时代
评估
专家
发现
化石

碎片
神秘
对象
陶器
遗迹
研究员
团队
寺庙
未知

10 - Food #2

舞	狩	拼	缝	影	火	缝	纫	露	放	图	画	足	绘	钓
趣	艺	营	露	法	腿	读	拳	远	法	茄	子	蛋	鱼	钓
织	拼	猎	舞	阅	暇	乐	跳	阅	小	画	番	营	能	缝
工	工	陶	缝	拳	松	狩	缝	阅	瓷	麦	能	鱼	拳	图
篮	露	朝	技	足	术	技	益	远	篮	利	摄	足	苹	游
营	狩	鲜	乐	潜	品	缝	足	篮	球	针	拳	活	果	绘
品	针	蓟	放	画	绘	击	放	缝	图	艺	棒	舞	跳	动
巧	狩	纫	舞	图	舞	摄	魔	园	益	陶	工	鸡	图	针
克	影	放	活	摄	术	足	香	园	蘑	菇	拼	潜	画	狩
力	能	影	影	织	芹	菜	狩	蕉	舞	放	松	击	松	潜
奶	酸	工	葡	阅	松	放	利	露	术	动	拼	益	术	魔
酪	艺	动	萄	拼	绘	活	术	西	棒	足	狩	钓	技	技
摄	潜	动	篮	樱	桃	舞	足	兰	足	读	图	乐	乐	园
技	工	拳	游	纫	猴	击	球	花	篮	潜	瓷	针	益	阅
米	拼	读	球	营	猕	利	影	棒	棒	篮	品	利	活	拳

苹果
朝鲜蓟
香蕉
西兰花
芹菜
奶酪
樱桃
巧克力
茄子
葡萄
火腿
猕猴桃
蘑菇
番茄
小麦
酸奶

11 - Chemistry

画	品	远	绘	读	跳	读	图	游	催	化	剂	戏	跳	鱼
远	球	益	术	舞	营	棒	法	远	营	术	活	缝	能	术
读	鱼	拳	法	摄	工	戏	跳	趣	猎	钓	魔	放	舞	松
利	远	液	技	影	织	游	暇	动	露	核	露	潜	放	棒
暇	园	园	体	松	碳	术	远	活	针	园	放	影	重	瓷
动	阅	松	酶	暇	击	画	艺	远	氯	绘	拼	绘	量	跳
跳	猎	摄	钓	舞	棒	暇	摄	狩	猎	阅	足	营	织	乐
利	舞	盐	远	陶	画	舞	暇	益	氧	氢	离	画	读	绘
陶	织	原	技	益	足	技	松	工	画	暇	子	放	松	钓
益	鱼	子	酸	活	放	趣	活	益	益	魔	分	篮	读	热
瓷	舞	摄	击	击	图	击	动	魔	拼	缝	活	松	拳	露
术	摄	篮	棒	艺	拼	针	瓷	趣	园	电	舞	放	松	绘
戏	工	摄	绘	温	度	瓷	园	工	鱼	子	缝	品	术	魔
读	有	鱼	画	乐	钓	鱼	缝	影	工	技	暇	影	碱	缝
营	机	气	体	拼	瓷	篮	趣	松	拳	跳	织	钓	性	法

碱性
原子
催化剂
电子
气体
离子
液体
分子
有机
温度
重量

12 - Music

影	技	瓷	益	放	绘	猎	画	瓷	能	品	趣	戏	摄	鱼
远	远	法	游	乐	麦	克	风	旋	动	松	手	歌	技	民
狩	拳	术	针	古	潜	园	缝	律	趣	足	暇	园	剧	谣
远	纫	暇	利	典	影	摄	利	缝	术	陶	录	音	松	园
钓	拼	读	缝	能	潜	拼	露	陶	能	潜	读	暇	谐	棒
瓷	利	鱼	园	跳	技	艺	潜	游	针	能	篮	球	波	拼
钓	钓	棒	读	影	乐	乐	松	鱼	和	谐	法	篮	合	唱
拼	拼	专	辑	益	钓	暇	技	放	诗	篮	阅	织	潜	法
绘	球	拳	品	鱼	抒	情	猎	戏	拳	意	篮	营	活	技
能	拳	鱼	工	术	游	足	品	读	猎	法	品	阅	放	缝
影	陶	活	跳	跳	钓	图	远	技	趣	针	猎	节	狩	声
拳	摄	潜	摄	拼	影	狩	法	画	影	露	音	针	奏	乐
工	技	纫	品	猎	缝	仪	器	唱	针	家	乐	音	暇	影
拼	能	篮	术	纫	摄	艺	影	利	织	利	剧	术	击	舞
速	度	艺	猎	篮	暇	瓷	狩	鱼	露	织	拳	放	营	利

专辑
民谣
合唱
古典
谐波
和谐
仪器
抒情
旋律
麦克风

音乐剧
音乐家
歌剧
诗意
录音
节奏
歌手
速度
声乐

13 - Family

影	阅	丈	夫	法	父	纫	品	针	陶	术	图	技	画	图
孙	瓷	产	球	利	亲	父	远	技	钓	松	针	松	读	利
活	子	妇	园	放	的	篮	影	营	针	图	读	狩	画	戏
鱼	读	益	阅	松	松	织	绘	纫	拼	钓	瓷	园	猎	益
侄	篮	拼	读	棒	拼	术	戏	表	法	暇	利	法	织	姐
女	祖	阿	纫	鱼	艺	技	园	哥	妻	子	绘	影	品	姐
影	先	猎	姨	法	活	图	戏	品	影	足	营	趣	乐	钓
趣	魔	活	活	织	侄	子	孩	童	球	利	拳	舞	拳	戏
钓	戏	趣	园	拼	技	球	绘	阅	年	钓	技	法	艺	阅
跳	狩	阅	图	品	利	放	兄	弟	球	钓	品	读	工	技
能	趣	跳	舞	猎	针	钓	松	利	乐	术	拳	法	品	陶
篮	活	纫	潜	能	戏	游	绘	阅	游	动	祖	法	法	远
露	暇	摄	法	活	营	叔	叔	女	球	亲	母	魔	活	益
陶	球	篮	祖	缝	读	能	放	儿	趣	鱼	拼	击	钓	足
放	游	法	父	画	瓷	织	拳	狩	篮	图	益	足	艺	戏

祖先
阿姨
兄弟
孩子
童年
表哥
女儿
父亲
祖父
祖母

孙子
丈夫
产妇
母亲
侄子
侄女
父亲的
姐姐
叔叔
妻子

14 - Farm #1

阅	松	针	园	图	小	腿	足	利	游	营	瓷	戏	工	戏
读	读	品	艺	棒	游	品	篮	摄	松	暇	放	陶	读	野
驴	种	子	拼	织	动	乌	钓	园	潜	跳	魔	能	艺	牛
织	魔	游	跳	益	猎	利	鸦	鱼	露	法	读	击	益	击
狩	栅	益	织	舞	瓷	潜	拳	绘	影	影	读	纫	动	棒
狗	栏	潜	工	陶	蜂	舞	术	动	拼	狩	潜	潜	米	魔
舞	狩	鱼	图	画	活	蜜	阅	动	营	能	术	法	潜	猎
术	山	跳	球	球	拼	针	乐	足	法	游	球	益	魔	瓷
利	羊	戏	潜	益	暇	阅	球	乐	图	术	动	摄	动	缝
击	动	瓷	影	瓷	纫	活	技	放	织	水	远	农	法	术
术	技	潜	松	工	魔	影	乐	领	域	蜜	蜂	业	松	术
益	动	游	暇	钓	魔	露	肥	料	鸡	术	营	益	能	狩
暇	艺	园	远	图	陶	画	绘	法	瓷	击	能	露	纫	阅
陶	棒	陶	益	品	舞	品	拼	画	能	园	缝	马	远	干
图	摄	游	陶	动	暇	远	技	织	纫	纫	魔	猫	露	草

农业
蜜蜂
野牛
小腿
乌鸦
栅栏

肥料
领域
山羊
干草
蜂蜜
种子

15 - Camping

猎	技	击	艺	瓷	织	暇	击	暇	游	读	纫	球	动	影
营	技	绳	子	针	陶	趣	足	猎	趣	露	魔	球	动	潜
纫	放	火	帽	摄	营	画	利	松	冒	险	营	吊	绘	园
画	远	趣	鱼	技	放	针	舱	乐	动	物	趣	暇	床	猎
舞	营	艺	独	钓	阅	球	活	昆	品	球	趣	跳	针	暇
艺	放	拼	木	树	趣	钓	魔	鱼	虫	绘	魔	魔	术	放
活	陶	绘	舟	球	影	棒	游	绘	影	影	拼	针	能	术
湖	暇	地	图	狩	猎	松	球	乐	拼	狩	棒	艺	瓷	陶
陶	缝	猎	工	钓	能	图	山	森	林	绘	游	织	阅	纫
针	游	园	松	篮	球	术	绘	营	钓	纫	狩	动	织	乐
术	能	暇	术	能	潜	大	自	然	针	乐	纫	技	魔	艺
园	松	球	瓷	品	狩	艺	图	园	乐	趣	远	球	针	潜
游	绘	罗	活	能	击	活	瓷	放	舞	纫	阅	缝	影	能
技	活	盘	针	月	亮	织	游	松	摄	瓷	乐	帐	篷	拳
营	针	舞	远	品	活	绘	拳	动	棒	画	益	益	击	能

冒险
动物
独木舟
罗盘
森林
乐趣
吊床
帽子

狩猎
昆虫
地图
月亮
大自然
绳子
帐篷
树木

16 - Algebra

足	摄	猎	钓	动	球	趣	钓	矩	阵	问	织	猎	绘	因
图	艺	品	拼	拼	品	影	品	品	舞	题	跳	钓	狩	素
表	远	品	猎	远	艺	潜	阅	乐	纫	舞	无	活	戏	游
游	魔	利	解	决	方	案	瓷	瓷	拳	能	限	园	艺	术
方	程	篮	陶	击	读	钓	针	游	针	摄	工	舞	营	露
乐	摄	魔	钓	分	数	放	松	放	拳	艺	猎	利	球	陶
放	露	瓷	鱼	猎	露	品	园	织	钓	跳	游	织	跳	绘
松	利	公	艺	露	舞	针	松	变	法	影	阅	陶	绘	利
球	缝	式	阅	绘	和	纫	艺	量	数	图	舞	远	简	足
指	读	品	球	放	减	零	品	足	远	击	游	摄	化	跳
跳	数	读	钓	狩	法	阅	乐	潜	法	魔	法	戏	暇	放
利	图	法	乐	针	远	暇	远	益	解	决	营	利	线	性
术	园	阅	影	品	游	放	纫	击	舞	读	露	织	跳	瓷
魔	阅	图	技	技	益	图	艺	远	括	暇	技	阅	魔	篮
陶	能	放	拼	纫	魔	利	球	猎	足	号	钓	松	暇	魔

图表
方程
指数
因素
公式
分数
无限
线性
矩阵
括号
问题
数量
简化
解决方案
解决
减法
变量

17 - Numbers

十	摄	图	缝	跳	击	缝	跳	影	术	鱼	八	十	动	能
绘	七	制	暇	读	钓	足	品	露	艺	动	工	三	工	戏
乐	术	跳	进	暇	益	暇	猎	品	松	园	阅	品	阅	暇
法	缝	工	棒	十	六	六	画	十	游	织	影	放	艺	远
篮	暇	读	魔	足	织	针	绘	魔	画	陶	摄	阅	品	狩
术	术	营	钓	松	画	魔	术	十	乐	游	活	工	画	术
技	活	瓷	动	品	魔	潜	四	九	二	十	趣	趣	益	能
鱼	影	舞	球	十	四	针	跳	二	益	阅	跳	利	摄	绘
法	狩	放	利	乐	十	陶	鱼	远	足	棒	图	图	画	击
绘	绘	拼	猎	舞	五	舞	趣	猎	法	拳	园	拳	跳	营
三	摄	利	狩	针	钓	织	十	二	摄	趣	利	瓷	狩	画
利	陶	暇	狩	篮	魔	足	织	趣	棒	露	纫	跳	猎	棒
工	能	纫	陶	一	八	图	棒	品	放	篮	法	钓	针	陶
猎	棒	艺	绘	动	趣	缝	绘	棒	艺	动	缝	摄	读	益
阅	足	九	画	游	能	画	针	纫	影	活	拼	拼	鱼	远

十进制
十八
十五
十四
十九
十七
十六
十三
十二
二十

18 - Spices

藏	孜	然	味	摄	露	拼	放	图	暇	织	甜	肉	舞	艺
红	跳	猎	活	道	姜	工	技	乐	放	工	蜜	豆	陶	动
花	趣	猎	影	大	游	暇	戏	图	工	咖	的	蔻	猎	豆
胡	芦	巴	读	蒜	舞	艺	园	舞	针	喱	缝	远	拳	蔻
园	拳	游	辣	椒	粉	益	纫	暇	工	阅	足	瓷	洋	击
放	阅	影	针	益	工	茴	篮	潜	缝	品	织	潜	葱	足
营	织	拳	露	陶	缝	图	香	盐	动	园	纫	技	工	松
舞	画	工	工	缝	篮	摄	品	趣	动	影	图	术	营	魔
纫	法	缝	技	拳	球	狩	足	绘	营	影	画	利	拳	益
棒	松	园	拼	篮	甘	丁	香	狩	能	趣	狩	绘	利	苦
跳	利	益	远	足	草	香	钓	读	品	舞	缝	动	潜	品
能	能	舞	画	营	跳	足	品	舞	舞	工	技	猎	跳	艺
艺	拳	术	利	戏	绘	读	拳	篮	舞	香	菜	阅	狩	能
肉	钓	读	趣	术	松	艺	纫	陶	艺	戏	摄	品	跳	钓
桂	击	跳	戏	魔	击	动	画	动	鱼	球	影	阅	乐	工

豆蔻
肉桂
丁香
香菜
孜然
咖喱
茴香
胡芦巴
味道
大蒜
甘草
肉豆蔻
洋葱
辣椒粉
藏红花
甜蜜的
香草

19 - Universe

暇	半	天	文	学	家	黄	道	带	太	法	宇	天	影	法
技	球	工	术	活	营	法	技	击	阳	望	宙	文	画	瓷
技	乐	针	影	织	趣	戏	小	乐	的	远	可	学	瓷	读
舞	动	足	针	图	远	影	行	织	露	镜	见	工	远	跳
戏	纬	纫	法	能	陶	系	星	松	击	月	地	平	线	球
足	度	针	棒	空	趣	乐	摄	猎	鱼	能	亮	狩	园	能
益	棒	远	黑	天	体	纫	松	利	远	读	球	狩	篮	益
缝	趣	足	趣	暗	陶	影	绘	法	拼	舞	猎	松	艺	阅
技	陶	拳	足	乐	拼	技	织	松	利	暇	读	陶	拼	针
冬	钓	潜	击	法	织	术	击	鱼	读	品	钓	纫	缝	跳
舞	至	暇	绘	趣	营	画	大	鱼	轨	缝	画	放	鱼	影
远	棒	拳	品	足	法	棒	气	营	道	益	钓	利	鱼	图
能	术	技	舞	跳	利	术	层	动	赤	游	绘	球	篮	营
动	瓷	舞	针	利	钓	游	能	绘	陶	园	画	纫	图	篮
阅	松	潜	营	园	击	舞	阅	利	画	猎	足	猎	画	露

小行星
天文学家
天文学
大气层
天体
宇宙
黑暗
赤道
星系
半球

地平线
纬度
月亮
轨道
天空
太阳的
冬至
望远镜
可见
黄道带

20 - Mammals

术	利	游	公	能	利	跳	陶	钓	能	狮	斑	法	暇	瓷
活	品	戏	牛	利	露	技	法	技	能	子	马	阅	露	乐
织	读	摄	法	猎	缝	狩	影	利	暇	篮	魔	阅	画	戏
潜	远	法	熊	摄	钓	狼	纫	跳	鱼	术	瓷	针	鱼	影
钓	工	大	园	兔	品	足	乐	狩	图	影	画	技	营	品
棒	阅	猩	法	子	钓	松	图	织	绘	法	豚	魔	远	瓷
纫	技	猩	游	暇	阅	利	拳	绘	松	猎	海	狸	游	品
松	品	陶	跳	摄	猎	放	图	法	营	篮	暇	狐	阅	乐
远	放	松	露	图	影	郊	潜	露	绘	纫	瓷	舞	棒	艺
棒	猴	法	利	魔	益	狩	狼	织	影	影	戏	击	袋	鼠
工	子	放	乐	摄	放	球	松	松	长	营	陶	跳	松	阅
图	趣	品	阅	影	游	猫	营	猎	魔	颈	影	大	缝	潜
拼	利	露	足	品	阅	狗	工	织	陶	画	鹿	能	象	足
织	马	缝	球	远	益	纫	营	阅	放	图	技	松	跳	放
潜	足	舞	画	乐	艺	能	摄	鲸	营	暇	羊	读	利	球

海狸
公牛
郊狼
海豚
大象
狐狸
长颈鹿
大猩猩
袋鼠
狮子
猴子
兔子
斑马

21 - Bees

猎	放	园	放	益	乐	图	影	绘	画	游	瓷	营	潜	戏
营	戏	趣	纫	魔	松	放	鱼	艺	趣	术	读	画	击	潜
跳	狩	画	猎	艺	品	工	潜	篮	艺	利	图	狩	工	松
狩	球	纫	利	品	露	画	活	技	益	水	果	乐	魔	艺
瓷	画	球	工	趣	画	狩	球	绘	拼	技	瓷	篮	园	食
阅	拼	陶	陶	多	狩	工	猎	游	拳	烟	篮	蜡	艺	物
纫	篮	乐	足	样	读	击	法	拼	潜	术	足	鱼	游	传
动	纫	放	术	性	技	钓	境	击	植	物	园	钓	放	粉
能	足	读	远	鱼	猎	放	生	能	影	击	潜	技	乐	者
放	绘	纫	阅	园	针	粉	花	态	太	群	篮	益	女	王
狩	益	技	露	画	狩	法	园	益	系	阳	读	拳	技	画
品	巢	松	潜	潜	乐	游	戏	鱼	活	统	放	游	戏	舞
品	潜	蜂	蜜	有	益	的	昆	园	活	魔	拼	术	戏	远
暇	篮	球	戏	图	活	舞	虫	利	棒	动	艺	游	针	潜
花	开	画	技	营	露	艺	图	利	影	品	法	能	猎	狩

有益的
开花
多样性
生态系统
食物
水果
花园
生境

蜂巢
蜂蜜
昆虫
植物
花粉
传粉者
女王
太阳

22 - Photography

益	趣	缝	钓	纫	钓	画	棒	图	肖	拳	对	动	益	园
利	露	工	主	题	品	黑	暗	摄	像	影	比	艺	针	术
营	定	动	利	舞	动	影	艺	篮	品	益	摄	益	钓	鱼
读	义	钓	击	游	纫	狩	格	利	趣	魔	利	园	戏	拳
猎	舞	品	针	织	透	视	式	跳	画	摄	松	纫	影	跳
击	放	松	松	影	能	棒	品	纫	软	黑	色	利	拳	影
足	足	陶	针	益	法	潜	球	读	化	趣	松	阅	活	击
瓷	框	展	览	钓	拼	拼	击	利	足	营	技	影	趣	术
球	架	画	利	工	艺	击	组	游	绘	瓷	工	瓷	瓷	艺
鱼	视	觉	的	纫	阅	针	园	成	击	露	松	乐	读	趣
暇	工	针	法	游	戏	魔	织	缝	绘	影	益	暇	影	魔
缝	针	针	术	潜	工	绘	魔	读	摄	照	趣	影	法	趣
阴	影	影	瓷	游	技	松	乐	灯	光	活	相	质	地	法
读	戏	纫	颜	影	趣	远	影	乐	猎	钓	技	机	纫	跳
摄	园	放	放	色	法	拳	乐	读	拳	对	象	影	拼	潜

黑色
照相机
颜色
组成
对比
黑暗
定义
展览
格式
框架
灯光
对象
透视
肖像
阴影
软化
主题
质地
视觉的

23 - Weather

鱼	营	游	纫	露	针	魔	瓷	雾	跳	阅	远	图	读	品
图	游	法	园	狩	图	动	游	露	瓷	拳	趣	陶	钓	狩
园	画	鱼	利	足	摄	戏	狩	棒	潜	暇	球	陶	戏	游
缝	天	空	绘	拼	画	雷	声	益	影	趣	阅	能	干	燥
舞	活	击	活	品	能	猎	狩	戏	读	棒	工	营	风	飓
游	狩	画	龙	猎	球	趣	远	术	缝	篮	潜	缝	暴	园
利	潜	魔	卷	缝	放	拼	术	利	舞	足	影	戏	舞	动
影	热	瓷	风	极	地	影	狩	利	艺	读	游	园	潜	动
阅	潜	带	猎	击	干	利	营	潜	钓	能	针	利	术	魔
潜	钓	鱼	拼	大	旱	露	活	击	瓷	图	影	阅	放	品
画	冰	摄	乐	候	气	摄	工	拼	彩	魔	放	露	拼	暇
益	缝	温	度	云	戏	影	营	足	虹	画	跳	鱼	瓷	狩
闪	品	球	露	微	风	舞	戏	活	篮	活	狩	拼	舞	钓
魔	电	季	风	猎	摄	游	园	读	足	放	拳	绘	放	钓
游	读	风	足	露	足	露	法	魔	营	跳	利	读	法	球

大气
微风
气候
干旱
干燥
飓风
闪电
季风

极地
彩虹
天空
风暴
温度
雷声
龙卷风
热带

24 - Adventure

活	品	益	困	难	潜	活	利	拳	影	戏	品	阅	画	美
旅	拼	画	放	园	缝	瓷	活	趣	画	远	猎	喜	绘	摄
行	拳	能	远	乐	技	绘	缝	针	画	松	潜	悦	猎	瓷
露	画	缝	品	游	戏	绘	动	棒	活	益	法	足	松	利
动	动	图	缝	术	利	露	画	影	潜	织	影	篮	工	陶
纫	放	球	拼	热	露	针	能	利	营	陶	活	绘	朋	友
远	足	露	技	棒	情	陶	暇	缝	狩	利	绘	陶	跳	法
阅	潜	准	备	潜	跳	品	缝	图	乐	棒	纫	舞	拼	乐
机	拼	阅	击	活	品	乐	影	阅	术	能	潜	读	读	球
潜	会	技	绘	读	动	大	自	然	法	阅	绘	狩	击	露
针	拼	勇	鱼	游	利	异	常	猎	拼	鱼	乐	舞	针	纫
营	猎	敢	鱼	篮	织	暇	拼	能	活	游	安	全	针	鱼
纫	能	新	营	品	游	暇	行	程	瓷	挑	战	目	鱼	图
拼	法	的	暇	狩	远	戏	织	跳	放	危	陶	的	魔	针
品	放	艺	暇	影	钓	导	航	营	阅	险	工	地	露	跳

活动
勇敢
挑战
机会
危险
目的地
困难
热情
远足
朋友
行程
喜悦
大自然
导航
新的
准备
安全
旅行
异常

25 - Sport

跳	棒	趣	图	猎	放	针	摄	营	远	松	缝	能	术	魔
织	棒	陶	棒	狩	趣	肌	球	露	舞	程	序	营	球	击
跳	露	篮	鱼	戏	动	品	肉	击	利	魔	画	击	缝	鱼
织	益	心	血	管	力	图	术	魔	球	戏	鱼	术	猎	园
暇	术	猎	游	能	量	针	代	谢	影	织	缝	游	绘	工
陶	暇	松	拼	棒	瓷	击	远	瓷	瓷	瓷	跳	最	能	暇
健	狩	教	足	画	跑	步	跳	活	拼	拳	品	大	绘	力
拳	康	练	纫	品	缝	阅	舞	画	营	循	环	化	拳	耐
暇	活	潜	球	戏	影	狩	放	钓	利	艺	球	营	跳	狩
放	舞	缝	饮	食	暇	陶	露	织	瓷	远	狩	摄	工	图
影	棒	跳	绘	棒	狩	影	瓷	工	游	舞	松	击	纫	松
目	运	游	缝	营	养	游	织	放	益	利	画	篮	营	击
标	动	骨	头	球	身	动	棒	拼	绘	阅	织	图	艺	足
钓	员	摄	活	育	体	图	画	游	乐	拳	摄	读	工	钓
阅	技	法	瓷	瓷	狩	鱼	跳	园	游	织	篮	织	摄	舞

能力
运动员
身体
骨头
心血管
教练
循环
跳舞
饮食
耐力

目标
健康
跑步
最大化
代谢
肌肉
营养
程序
体育
力量

26 - Restaurant #2

陶	蔬	菜	暇	跳	魔	趣	品	营	冰	趣	趣	乐	放	瓷
品	松	远	松	阅	阅	术	棒	松	影	香	料	狩	法	园
钓	图	摄	暇	缝	鱼	摄	术	篮	能	摄	品	戏	图	影
趣	绘	猎	鱼	针	拳	足	戏	放	品	水	果	午	图	摄
放	影	暇	法	美	味	织	瓷	拼	跳	益	织	餐	织	品
术	动	术	跳	远	跳	艺	水	织	动	陶	钓	晚	足	狩
狩	篮	画	击	篮	篮	益	沙	叉	缝	饮	料	舞	面	技
游	益	园	瓷	营	乐	魔	拉	子	跳	品	营	钓	条	猎
利	陶	艺	击	画	活	舞	画	拼	猎	艺	艺	瓷	跳	陶
舞	暇	绘	露	狩	趣	跳	勺	摄	汤	松	活	营	陶	技
服	务	员	蛋	糕	魔	棒	子	露	戏	艺	击	魔	织	技
击	足	利	摄	趣	品	棒	椅	游	艺	活	棒	法	盐	戏
图	乐	活	术	放	钓	魔	猎	拳	魔	篮	狩	露	松	远
术	活	艺	拼	影	猎	法	跳	趣	缝	潜	动	图	暇	术
露	舞	园	钓	舞	益	蛋	游	游	钓	戏	击	益	动	技

饮料
蛋糕
椅子
美味
晚餐
叉子
水果
午餐
面条
沙拉
香料
勺子
蔬菜
服务员

27 - Geology

洞	篮	动	绘	读	摄	拳	潜	画	画	艺	松	露	趣	营
穴	活	营	陶	织	潜	击	水	影	瓷	影	技	画	篮	化
矿	物	火	山	缝	击	工	晶	拼	篮	乐	能	棒	拳	石
露	陶	针	戏	放	钓	艺	跳	陶	足	狩	能	狩	画	鱼
远	球	活	舞	缝	技	利	读	间	歇	泉	品	拼	品	动
益	棒	舞	工	舞	酸	松	瓷	击	潜	乐	品	鱼	读	针
高	珊	瑚	球	魔	暇	跳	陶	利	钙	猎	棒	远	活	盐
乐	原	趣	陶	工	乐	狩	戏	乐	摄	周	期	舞	读	戏
棒	钓	品	营	游	影	游	阅	放	松	织	远	球	球	地
鱼	潜	摄	放	趣	绘	画	跳	暇	画	图	潜	远	乐	震
足	绘	趣	法	读	侵	影	乐	鱼	活	层	活	艺	松	影
乐	游	术	品	放	蚀	舞	读	瓷	园	动	能	画	大	品
读	图	读	摄	猎	游	戏	趣	狩	跳	英	工	拳	影	陆
戏	戏	潜	击	画	影	术	篮	篮	球	石	乳	钟	熔	岩
乐	利	篮	松	影	魔	动	魔	缝	拳	绘	头	棒	篮	法

洞穴
大陆
珊瑚
水晶
周期
地震
侵蚀
化石
间歇泉
熔岩
矿物
高原
石英
钟乳石
石头
火山

28 - House

工	利	鱼	车	跳	品	纫	足	舞	暇	影	利	足	厨	篮
松	阅	家	阅	库	潜	松	松	活	趣	戏	阁	楼	房	营
松	远	具	门	艺	屋	远	艺	魔	技	松	摄	猎	棒	镜
益	技	篮	能	暇	顶	足	针	拳	影	暇	术	纫	钓	子
利	品	足	鱼	跳	图	法	绘	鱼	能	远	织	能	动	织
舞	阅	拼	技	技	书	击	淋	动	灯	足	术	松	艺	戏
益	绘	阅	图	钥	馆	画	浴	球	花	法	球	球	潜	艺
摄	摄	露	技	户	匙	壁	乐	摄	魔	园	织	潜	栅	栏
针	术	鱼	钓	窗	拳	炉	拼	露	技	跳	地	板	墙	营
扫	戏	画	陶	帘	球	陶	潜	绘	品	松	画	远	瓷	绘
帚	钓	绘	陶	鱼	缝	工	房	猎	松	狩	园	艺	技	绘
戏	织	读	球	能	图	阅	间	能	图	画	暇	拼	拳	能
陶	利	读	球	拼	远	远	动	图	能	利	鱼	图	纫	戏
篮	游	篮	营	绘	阅	营	益	术	阅	乐	猎	阅	法	击
摄	画	技	戏	园	足	趣	利	织	暇	钓	游	缝	棒	暇

阁楼
扫帚
窗帘
栅栏
壁炉
地板
家具
车库
花园
钥匙
厨房
图书馆
镜子
屋顶
房间
淋浴
窗户

29 - Physics

拼	品	磁	暇	击	鱼	拼	影	阅	钓	画	电	园	乐	影
趣	潜	性	活	阅	跳	拼	篮	读	魔	拼	子	工	狩	狩
营	利	益	活	能	魔	拳	放	露	画	舞	分	松	足	普
阅	放	园	放	利	陶	球	织	技	纫	能	狩	子	原	遍
拼	营	鱼	绘	艺	暇	足	摄	术	摄	舞	游	粒	舞	的
读	缝	拼	能	摄	利	缝	篮	能	拳	气	品	利	松	鱼
露	织	球	化	鱼	摄	画	趣	品	益	体	阅	跳	球	营
频	术	品	学	织	瓷	绘	露	绘	拼	戏	钓	影	钓	猎
率	引	擎	的	营	益	速	技	瓷	营	公	相	对	论	核
艺	猎	鱼	戏	工	拳	度	质	量	足	式	影	阅	绘	绘
足	混	击	趣	拼	足	速	篮	放	猎	能	乐	狩	舞	摄
扩	乱	松	钓	园	活	加	舞	魔	钓	足	园	乐	露	法
技	张	画	露	魔	松	篮	远	潜	瓷	篮	游	拳	密	绘
露	工	拼	针	游	针	松	品	拼	法	棒	力	学	度	趣
足	猎	跳	远	舞	动	足	摄	艺	魔	足	阅	术	营	图

加速度
原子
混乱
化学的
密度
电子
引擎
扩张
公式
频率

气体
磁性
质量
力学
分子
粒子
相对论
速度
普遍的

30 - Shapes

猎	图	动	针	圆	筒	图	艺	活	戏	猎	暇	陶	游	织
远	动	足	暇	技	鱼	瓷	击	活	球	园	纫	绘	园	线
远	钓	棒	广	读	缝	读	动	露	钓	法	影	工	摄	鱼
读	益	舞	摄	场	篮	狩	拳	远	舞	潜	舞	益	能	织
狩	松	阅	乐	工	能	图	营	暇	放	园	绘	益	游	缝
椭	圆	技	棒	阅	形	趣	术	鱼	金	字	塔	画	阅	读
术	跳	足	潜	活	棒	边	弧	魔	狩	术	画	图	织	技
击	潜	读	画	角	趣	缘	多	拳	针	椭	圆	形	戏	猎
篮	拼	立	矩	落	绘	锥	棱	镜	猎	瓷	魔	松	潜	舞
缝	营	方	潜	形	放	体	篮	暇	阅	营	摄	鱼	圈	篮
拼	能	体	摄	远	活	篮	阅	篮	戏	曲	摄	乐	鱼	益
暇	游	图	益	影	缝	活	摄	棒	足	线	棒	猎	技	舞
双	曲	线	露	钓	术	摄	足	舞	足	读	营	陶	钓	猎
品	缝	能	图	乐	品	技	绘	游	拼	纫	游	针	缝	鱼
足	松	暇	图	篮	品	阅	趣	图	益	三	角	形	活	游

锥体
角落
立方体
曲线
圆筒
边缘
椭圆
双曲线
椭圆形
多边形
棱镜
金字塔
矩形
广场
三角形

31 - Scientific Disciplines

松	植	瓷	活	棒	绘	乐	摄	拼	阅	狩	趣	力	狩	松
法	物	园	远	拳	技	技	远	魔	品	钓	影	学	疫	免
术	学	物	矿	露	读	工	缝	影	利	乐	狩	态	品	戏
营	化	运	动	学	社	会	学	影	乐	读	纫	生	法	画
利	物	化	学	物	能	益	击	魔	趣	法	放	生	理	学
魔	生	戏	读	动	绘	足	影	术	猎	活	暇	棒	针	术
陶	拳	动	活	影	鱼	鱼	阅	园	考	古	学	瓷	动	纫
拳	放	猎	品	球	绘	陶	影	动	瓷	瓷	棒	技	纫	拼
解	跳	钓	乐	钓	篮	营	图	心	理	学	远	棒	利	击
棒	剖	猎	戏	动	跳	品	阅	放	利	能	暇	舞	陶	拳
缝	技	学	力	热	能	潜	能	天	工	品	纫	画	露	暇
图	术	经	质	瓷	读	鱼	益	文	生	魔	松	篮	趣	图
远	潜	神	球	地	语	言	学	学	拳	物	品	营	猎	纫
阅	活	法	戏	工	鱼	能	远	动	游	纫	学	陶	纫	钓
绘	魔	戏	影	动	品	利	击	针	品	戏	瓷	魔	能	陶

解剖学
考古学
天文学
生物化学
生物学
植物学
化学
生态学
地质学
免疫学
运动学
语言学
力学
矿物学
神经学
生理学
心理学
社会学
热力学
动物学

32 - Science

技	远	纫	狩	猎	动	摄	能	击	球	拼	棒	足	动	鱼
重	力	针	鱼	击	利	远	影	活	法	缝	法	拼	品	针
摄	法	事	实	阅	品	戏	摄	陶	足	读	钓	画	舞	术
纫	戏	球	潜	放	阅	远	暇	针	利	画	钓	鱼	画	纫
纫	矿	活	技	读	能	艺	实	验	室	游	针	舞	暇	摄
实	物	松	拳	棒	读	活	猎	跳	织	缝	阅	乐	纫	缝
拳	验	技	方	法	拳	艺	瓷	工	拳	动	动	戏	绘	阅
利	能	假	狩	阅	绘	能	图	暇	艺	大	自	然	拳	猎
影	阅	设	利	品	动	松	松	陶	科	跳	舞	动	粒	松
数	据	活	跳	瓷	足	化	陶	绘	学	绘	放	拼	子	足
活	化	影	绘	技	松	进	学	鱼	家	术	拳	园	分	原
趣	石	活	针	足	气	益	图	的	击	球	鱼	鱼	跳	狩
生	魔	狩	营	足	候	魔	益	暇	影	拳	摄	舞	读	鱼
物	植	图	纫	乐	舞	活	魔	舞	钓	棒	猎	松	画	能
拼	趣	工	乐	戏	暇	织	击	魔	钓	织	暇	物	理	鱼

原子
化学的
气候
数据
进化
实验
事实
化石
重力
假设
实验室
方法
矿物
分子
大自然
生物
粒子
物理
植物
科学家

33 - Beauty

击	足	法	法	篮	篮	拼	阅	跳	乐	篮	优	趣	魅	露
法	利	趣	能	魔	影	足	园	陶	技	镜	益	雅	力	阅
利	棒	趣	园	游	放	画	动	阅	猎	子	影	园	艺	钓
狩	陶	远	露	术	读	品	摄	魔	露	图	品	阅	缝	鱼
能	棒	法	陶	卷	纫	魔	露	动	猎	球	棒	足	影	足
剪	刀	工	水	发	洗	服	纫	远	阅	戏	皮	肤	钓	鱼
潜	露	拳	阅	法	技	务	猎	摄	影	瓷	露	缝	缝	术
魔	营	舞	远	阅	光	滑	园	露	篮	化	工	潜	狩	绘
钓	化	狩	鱼	狩	织	利	绘	潜	能	妆	技	画	猎	游
图	拼	妆	针	缝	口	红	造	纫	技	品	画	技	暇	影
读	瓷	狩	画	篮	油	跳	型	露	球	产	击	远	潜	摄
活	足	钓	趣	乐	鱼	缝	师	活	拼	暇	技	营	动	趣
影	艺	园	艺	纫	阅	放	放	法	上	颜	色	睫	游	陶
香	能	影	缝	缝	篮	影	露	戏	陶	镜	趣	毛	瓷	绘
味	品	舞	园	露	织	篮	钓	戏	园	绘	戏	膏	摄	球

魅力
颜色
化妆品
卷发
优雅
香味
口红
化妆
睫毛膏
镜子
上镜
产品
剪刀
服务
洗发水
皮肤
光滑
造型师

34 - Clothes

技	瓷	手	鞋	松	带	鱼	击	拼	毛	瓷	牛	鱼	跳	营
绘	凉	镯	露	拳	露	工	棒	猎	衣	品	仔	影	击	园
利	鞋	跳	品	远	棒	篮	潜	绘	猎	织	裤	篮	技	趣
暇	术	趣	摄	针	缝	潜	图	露	图	图	活	品	拳	钓
艺	缝	连	拼	潜	活	缝	利	篮	影	球	陶	读	工	阅
裤	子	衣	缝	摄	影	舞	戏	画	鱼	鱼	缝	阅	技	击
乐	狩	裙	暇	织	帽	子	珠	园	阅	潜	放	猎	影	缝
拳	技	术	营	拳	露	拼	宝	狩	露	术	击	游	陶	营
纫	棒	狩	潜	球	活	击	艺	夹	动	艺	露	益	工	摄
狩	巾	围	放	猎	远	跳	纫	克	拼	猎	益	魔	园	舞
瓷	远	松	裙	瓷	拼	瓷	利	猎	魔	技	乐	松	织	摄
技	衬	缝	缝	阅	动	法	球	营	活	戏	暇	项	趣	营
戏	衫	手	利	利	针	睡	短	裙	能	图	阅	链	时	尚
棒	乐	猎	套	篮	暇	拳	衣	活	读	陶	法	工	乐	能
摄	击	术	外	摄	阅	暇	缝	戏	露	远	织	影	动	动

围裙
手镯
外套
连衣裙
时尚
手套
帽子
夹克
牛仔裤
珠宝
项链
睡衣
裤子
凉鞋
围巾
衬衫
短裙
毛衣

35 - Ethics

拼	利	术	足	拼	松	营	拼	读	乐	乐	缝	潜	阅	利
阅	棒	阅	乐	人	性	暇	性	外	诚	实	艺	篮	园	动
游	法	钓	纫	缝	耐	合	理	交	狩	猎	哲	学	潜	善
陶	陶	艺	仁	慈	心	戏	拳	舞	读	营	松	摄	园	良
益	影	跳	读	拼	能	足	智	慧	织	放	棒	现	缝	戏
放	陶	能	营	艺	法	游	术	狩	鱼	趣	图	实	棒	绘
正	直	工	松	拼	击	绘	读	绘	乐	术	益	主	营	缝
画	拳	针	球	乐	陶	园	个	人	主	义	缝	义	猎	跳
乐	瓷	工	摄	绘	魔	读	篮	跳	击	暇	主	宽	容	能
瓷	观	读	摄	严	尊	缝	缝	远	营	放	工	他	钓	利
活	狩	拳	园	益	织	敬	影	绘	猎	陶	品	篮	利	趣
法	狩	潜	舞	技	图	图	的	织	摄	篮	织	钓	能	瓷
合	作	能	放	钓	露	游	击	图	工	钓	摄	跳	戏	织
画	利	陶	放	拳	纫	拳	鱼	益	远	能	球	针	法	拳
益	益	暇	陶	画	足	同	情	松	缝	品	露	棒	拳	拳

利他主义
仁慈
同情
合作
尊严
外交
诚实
人性
个人主义
正直
善良
乐观
耐心
哲学
理性
现实主义
合理
尊敬的
宽容
智慧

36 - Insects

篮	艺	织	园	拼	蚜	绘	益	篮	露	针	动	图	蚊	游
利	瓢	远	乐	纫	趣	法	狩	拼	术	陶	技	放	子	利
蟑	虫	益	陶	图	品	利	潜	纫	动	品	拼	纫	图	露
乐	螂	螳	拼	魔	瓷	缝	营	猎	篮	松	放	跳	蠕	技
游	利	能	画	营	露	趣	绘	游	工	远	钓	术	虫	动
露	棒	鱼	钓	跳	拼	技	瓷	影	棒	图	艺	放	戏	放
狩	织	趣	远	蚤	暇	足	黄	蜻	艺	摄	蝉	拳	针	陶
影	艺	艺	松	魔	远	游	蜂	蜓	鱼	松	动	暇	图	法
陶	狩	蚱	蜢	阅	拼	魔	艺	利	蝴	远	放	棒	品	纫
织	活	读	法	棒	织	大	拳	缝	白	蝶	工	露	拼	击
技	狩	狩	术	魔	蛾	法	黄	读	蚁	蚂	术	缝	工	甲
鱼	工	趣	织	营	缝	动	松	蜂	蜜	能	游	击	击	虫
露	幼	虫	远	绘	读	棒	画	绘	棒	猎	动	图	读	技
艺	缝	绘	技	钓	艺	园	动	足	放	影	术	利	猎	艺
松	足	跳	猎	活	术	远	动	远	松	乐	品	远	棒	读

蚂蚁
蜜蜂
甲虫
蝴蝶
蟑螂
蜻蜓
跳蚤
蚱蜢
大黄蜂
瓢虫
幼虫
螳螂
蚊子
白蚁
黄蜂
蠕虫

37 - Astronomy

露	魔	流	能	舞	画	益	绘	利	缝	阅	足	拼	绘	益
艺	云	星	画	缝	黄	钓	纫	缝	拼	露	营	画	远	术
陶	游	卫	星	春	道	活	品	技	绘	天	品	织	活	陶
法	影	趣	益	分	带	营	跳	月	亮	狩	文	小	行	星
鱼	击	乐	图	地	击	乐	艺	园	针	法	园	台	乐	活
天	文	学	家	球	益	游	棒	星	阅	远	游	猎	乐	棒
缝	暇	陶	利	露	露	跳	摄	行	系	猎	读	织	图	技
影	图	品	瓷	趣	术	术	狩	动	能	技	活	拼	鱼	阅
拳	陶	缝	纫	放	足	品	艺	影	绘	摄	瓷	瓷	术	艺
太	阳	的	画	艺	远	影	拼	跳	火	法	钓	影	法	放
法	松	乐	鱼	利	猎	缝	织	趣	箭	戏	宇	拳	天	拼
篮	织	益	绘	超	画	绘	营	松	放	魔	航	术	辐	空
戏	图	图	露	新	蚀	摄	魔	利	能	品	员	游	射	潜
技	利	魔	足	星	艺	跳	园	星	座	乐	舞	能	乐	织
猎	艺	鱼	趣	拳	图	绘	放	活	活	球	足	画	读	远

小行星
宇航员
天文学家
星座
地球
春分
星系
流星
月亮
星云
天文台
行星
辐射
火箭
卫星
天空
太阳的
超新星
黄道带

38 - Health and Wellness #2

放	营	读	术	阅	工	读	陶	营	乐	放	暇	压	按	摩
术	松	绘	鱼	法	技	远	园	遗	足	纫	棒	读	力	钓
潜	钓	足	利	篮	狩	疾	针	传	缝	鱼	解	技	利	活
园	瓷	猎	动	图	乐	病	击	学	饮	食	剖	球	织	暇
球	舞	拼	远	棒	摄	戏	篮	篮	品	潜	学	乐	阅	棒
狩	图	艺	游	戏	图	影	拳	艺	鱼	舞	阅	篮	游	趣
品	球	技	松	魔	远	艺	读	摄	织	能	魔	远	棒	钓
动	拼	猎	魔	趣	活	暇	脱	水	阅	影	松	术	拳	营
益	瓷	品	趣	活	游	放	恢	复	游	艺	术	舞	绘	重
钓	拳	绘	缝	针	跳	戏	露	篮	钓	绘	园	医	院	量
益	乐	趣	图	跳	舞	健	康	潜	乐	猎	营	戏	暇	园
跳	暇	营	工	拳	术	纫	跳	拳	利	露	篮	篮	品	摄
血	卡	路	里	摄	棒	艺	舞	画	能	舞	能	猎	影	营
过	敏	营	篮	术	卫	画	品	品	营	趣	营	源	织	食
鱼	图	舞	篮	素	生	维	击	足	养	感	染	读	工	欲

过敏
解剖学
食欲
卡路里
脱水
饮食
疾病
能源
遗传学
健康
医院
卫生
感染
按摩
营养
恢复
压力
维生素
重量

39 - Disease

术	棒	图	读	狩	放	拼	神	营	法	放	工	钓	猎	营
远	暇	戏	戏	呼	潜	松	经	球	趣	能	瓷	跳	魔	动
病	原	体	魔	吸	腰	乐	病	能	营	舞	园	技	乐	陶
园	健	康	猎	的	椎	术	炎	影	治	疗	游	球	舞	画
技	游	益	术	潜	绘	暇	能	症	乐	能	足	舞	露	摄
法	能	阅	艺	益	图	图	球	球	画	益	鱼	跳	球	利
猎	暇	活	针	遗	戏	游	症	篮	陶	品	腹	魔	营	足
传	染	性	急	传	舞	摄	状	骨	头	织	织	部	利	露
读	术	慢	动	棒	工	织	法	术	球	足	术	针	放	狩
摄	针	鱼	足	足	松	放	园	影	弱	放	绘	趣	足	远
织	远	针	陶	活	跳	织	露	猎	暇	狩	法	球	利	过
狩	画	钓	身	阅	放	阅	免	放	松	远	工	工	趣	敏
戏	利	鱼	体	游	足	织	疫	工	跳	利	摄	球	松	益
画	球	绘	露	松	潜	技	能	足	拳	心	动	细	法	技
棒	趣	画	阅	潜	远	击	狩	棒	露	缝	瓷	艺	菌	棒

腹部
急性
过敏
细菌
身体
骨头
慢性
传染性
健康

遗传
免疫
炎症
腰椎
神经病
病原体
呼吸的
症状
治疗

40 - Time

松	针	益	很	快	瓷	中	鱼	小	球	暇	工	阅	拳	舞
钓	游	击	瓷	绘	魔	足	午	时	分	术	月	狩	今	阅
营	艺	狩	戏	击	击	远	活	品	钟	时	年	松	天	舞
缝	瓷	艺	瓷	绘	远	绘	动	拼	舞	益	舞	放	绘	绘
活	潜	舞	图	品	棒	松	篮	图	早	晨	戏	露	纫	戏
拳	品	瓷	法	品	潜	针	艺	技	活	潜	品	纫	能	图
魔	趣	拳	乐	放	益	击	远	纫	暇	影	远	活	跳	针
纫	魔	法	鱼	营	魔	陶	球	露	放	瓷	猎	品	击	钓
法	足	动	每	陶	益	露	足	益	营	术	晚	潜	技	园
露	绘	十	年	年	拼	益	击	周	狩	舞	织	上	乐	日
绘	松	世	纪	跳	利	放	棒	术	乐	动	缝	狩	摄	历
拳	以	鱼	戏	现	在	未	来	篮	放	利	针	陶	织	猎
陶	前	拼	缝	能	暇	营	图	利	纫	松	放	棒	纫	鱼
棒	动	园	针	绘	益	技	跳	织	读	陶	园	猎	魔	舞
拳	放	猎	艺	艺	拼	魔	乐	早	棒	利	缝	拳	影	击

每年
以前
日历
世纪
时钟
十年
未来
小时

分钟
早晨
晚上
中午
现在
很快
今天

41 - Buildings

针	影	益	学	大	露	体	育	场	摄	暇	营	品	酒	放
击	游	陶	校	技	博	猎	乐	跳	跳	球	游	工	店	潜
趣	棒	戏	球	钓	物	跳	益	绘	球	魔	营	陶	影	画
缝	舞	篮	魔	益	馆	使	大	摄	鱼	超	舱	拳	织	针
球	城	堡	纫	露	旅	活	狩	阅	远	级	趣	放	技	缝
读	工	艺	狩	戏	趣	乐	技	针	舞	市	潜	舞	技	能
击	游	猎	能	绘	放	阅	利	能	潜	场	益	工	利	跳
跳	跳	利	远	缝	松	营	营	缝	艺	工	拳	乐	工	动
钓	球	摄	钓	品	猎	针	拳	纫	舞	陶	陶	园	戏	谷
艺	篮	艺	钓	益	乐	实	验	室	游	纫	拼	益	帐	仓
露	缝	球	织	钓	阅	影	瓷	摄	猎	影	营	能	篷	棒
鱼	缝	读	钓	摄	工	阅	图	放	松	乐	钓	电	潜	阅
跳	工	公	寓	暇	放	益	鱼	品	天	跳	猎	织	影	潜
塔	厂	阅	陶	影	击	魔	篮	拼	文	营	陶	鱼	潜	趣
棒	动	舞	法	阅	狩	剧	院	医	台	动	工	技	潜	读

公寓
谷仓
城堡
电影
大使馆
工厂
医院
旅馆
酒店
实验室
博物馆
天文台
学校
体育场
超级市场
帐篷
剧院
大学

42 - Gardening

缝	瓷	足	棒	污	读	异	戏	暇	阅	能	猎	画	读	放
图	拼	鱼	趣	垢	活	国	能	趣	能	纫	摄	乐	益	织
狩	摄	放	织	鱼	球	情	趣	游	钓	营	绘	果	乐	乐
缝	放	鱼	乐	趣	猎	调	阅	营	乐	利	跳	园	击	阅
露	画	针	潜	法	阅	针	游	篮	棒	拳	狩	季	节	性
艺	拼	陶	暇	织	影	阅	土	动	猎	露	棒	影	品	篮
鱼	读	猎	读	跳	画	魔	壤	绘	术	营	纫	钓	种	绘
能	气	品	足	能	术	戏	游	魔	读	影	摄	艺	纫	子
植	候	暇	拳	园	食	用	潜	拼	能	纫	摄	织	读	术
跳	物	图	猎	能	影	缝	活	拼	钓	露	术	能	露	束
跳	动	园	棒	益	魔	物	瓷	纫	容	堆	画	狩	营	花
绘	钓	术	猎	击	利	种	击	狩	器	肥	针	暇	水	的
软	趣	品	球	利	球	开	花	篮	摄	篮	球	放	分	乐
陶	管	游	缝	趣	绘	篮	艺	拳	影	营	树	影	远	园
园	狩	篮	乐	图	技	陶	暇	利	画	绘	叶	能	猎	织

开花
植物
花束
气候
堆肥
容器
污垢
食用
异国情调

花的
树叶
软管
水分
果园
季节性
种子
土壤
物种

43 - Herbalism

薄	牛	狩	法	味	影	工	罗	勒	薰	戏	击	益	艺	织
活	荷	至	跳	道	织	法	针	放	衣	利	击	狩	摄	花
游	营	艺	阅	绘	瓷	利	猎	篮	草	营	足	球	球	园
影	戏	园	击	针	拳	纫	阅	拳	画	击	游	游	拳	远
球	缝	技	击	工	纫	马	植	趣	拳	舞	纫	露	动	棒
画	魔	营	工	陶	游	郁	物	能	钓	工	缝	击	动	画
棒	园	暇	跳	针	戏	兰	艺	陶	暇	工	钓	狩	松	瓷
迷	击	足	瓷	花	艺	猎	球	篮	工	益	魔	技	品	活
迭	陶	陶	松	活	术	拳	画	球	远	织	动	狩	松	术
香	缝	陶	狩	技	放	园	品	术	术	动	乐	摄	瓷	趣
芳	松	棒	潜	足	戏	游	露	潜	阅	工	狩	益	舞	舞
趣	棒	茴	营	松	影	露	藏	红	花	烹	饪	工	动	营
拼	菜	香	陶	能	能	钓	舞	读	狩	游	技	球	艺	大
针	绿	织	拼	陶	龙	暇	纫	缝	狩	鱼	织	远	瓷	蒜
拳	钓	色	潜	拳	蒿	术	潜	营	魔	有	益	的	成	分

芳香
罗勒
有益的
烹饪
茴香
味道
花园
大蒜
绿色
成分

薰衣草
马郁兰
薄荷
牛至
香菜
植物
迷迭香
藏红花
龙蒿

44 - Vehicles

工	陶	露	直	活	摄	潜	法	绘	技	跳	地	跳	能	球
活	画	织	足	升	鱼	救	拼	织	拳	舞	铁	总	线	阅
阅	利	动	猎	园	机	护	织	织	汽	针	松	乐	戏	拳
缝	远	艺	魔	狩	拉	车	行	自	读	车	卡	远	魔	纫
园	魔	松	棒	魔	拖	板	园	戏	松	纫	猎	魔	球	猎
远	影	绘	影	舞	营	滑	潜	狩	放	利	舞	影	飞	露
松	工	跳	读	戏	读	乐	艇	图	棒	利	球	游	机	暇
引	擎	纫	火	马	达	品	品	图	拳	钓	缝	动	利	活
绘	拳	松	箭	魔	鱼	工	营	棒	戏	艺	技	读	品	陶
动	魔	趣	术	钓	魔	球	阅	戏	瓷	筏	利	球	跳	营
针	击	技	活	足	工	趣	胎	松	法	钓	狩	画	纫	法
影	瓷	趣	营	潜	营	渡	轮	趣	针	摄	球	纫	球	陶
能	拼	拼	瓷	足	篮	活	出	租	车	大	益	园	远	纫
狩	露	针	鱼	潜	利	魔	趣	图	狩	篷	船	陶	跳	针
远	球	瓷	利	活	猎	球	舞	针	动	车	纫	瓷	术	工

飞机
救护车
自行车
总线
汽车
大篷车
引擎
渡轮
直升机

马达
火箭
滑板车
潜艇
地铁
出租车
轮胎
拖拉机
卡车

45 - Flowers

向	活	工	动	法	织	缝	活	摄	活	潜	品	放	击	钓
工	日	跳	能	织	益	牡	利	跳	图	技	魔	艺	动	趣
动	影	葵	水	品	动	丹	远	戏	品	猎	篮	击	动	能
工	技	利	仙	能	棒	远	松	针	绘	缝	技	球	技	陶
营	陶	园	花	兰	戏	魔	猎	针	艺	击	击	能	雏	击
玉	能	织	子	纫	能	舞	钓	纫	乐	戏	画	缝	菊	能
兰	拳	跳	栀	狩	摄	陶	钓	缝	鱼	跳	钓	舞	营	营
乐	针	趣	西	猎	潜	能	花	瓣	郁	茉	益	活	球	织
戏	乐	图	番	摄	影	陶	舞	纫	金	暇	莉	戏	针	薰
足	远	活	莲	术	露	百	放	品	香	摄	缝	花	乐	衣
鱼	读	缝	摄	松	品	合	玫	鱼	园	读	足	能	动	草
金	阅	陶	拳	猎	趣	品	瑰	三	叶	草	品	击	利	读
缝	盏	影	罂	蒲	游	工	乐	芙	魔	篮	瓷	鱼	利	工
能	束	花	粟	公	露	球	球	蓉	潜	技	篮	击	暇	松
拳	影	园	影	英	篮	篮	趣	陶	活	益	纫	舞	法	拳

花束
金盏花
三叶草
水仙花
雏菊
蒲公英
栀子花
芙蓉
茉莉花
薰衣草

百合
玉兰
兰花
西番莲
牡丹
花瓣
罂粟
玫瑰
向日葵
郁金香

46 - Health and Wellness #1

术	图	饥	饿	陶	治	药	店	暇	术	肌	暇	暇	瓷	趣
织	缝	篮	工	跳	疗	阅	摄	益	阅	阅	肉	织	读	营
艺	画	露	摄	篮	篮	品	工	拼	放	针	益	拼	园	品
足	读	法	潜	动	诊	艺	画	断	裂	艺	暇	艺	篮	趣
益	篮	习	工	摄	陶	所	补	益	纫	法	法	益	游	绘
绘	拳	魔	惯	缝	露	暇	充	图	法	猎	益	营	潜	品
暇	图	篮	摄	益	绘	针	剂	活	戏	读	舞	法	艺	药
狩	神	经	医	生	姿	活	术	缝	趣	球	针	击	益	营
骨	头	乐	松	病	势	陶	活	针	利	鱼	皮	肤	活	能
艺	益	影	读	毒	术	拳	瓷	棒	技	绘	游	舞	园	鱼
棒	工	拼	趣	影	缝	艺	法	舞	露	乐	戏	技	远	绘
放	松	潜	摄	动	读	足	猎	读	放	戏	潜	能	绘	动
乐	利	品	高	度	术	激	远	魔	跳	术	缝	松	反	趣
钓	阅	乐	舞	绘	瓷	素	摄	工	松	远	细	菌	射	技
拳	鱼	织	击	术	品	狩	猎	趣	松	鱼	工	棒	缝	棒

细菌
骨头
诊所
医生
断裂
习惯
高度
激素
饥饿
肌肉

神经
药店
姿势
反射
放松
皮肤
补充剂
治疗
病毒

47 - Town

棒	画	纫	瓷	针	拳	潜	书	足	工	摄	鱼	陶	摄	魔
读	绘	魔	鱼	瓷	跳	猎	店	酒	跳	画	魔	阅	利	艺
能	图	缝	利	画	游	面	包	店	银	行	足	趣	拼	利
园	拼	舞	动	狩	利	益	能	花	画	廊	球	瓷	术	棒
击	读	露	远	潜	乐	博	园	店	商	图	活	戏	猎	动
缝	工	拼	远	品	拼	纫	物	机	场	钓	术	露	工	跳
摄	棒	品	动	诊	药	缝	动	馆	书	图	艺	拼	缝	园
超	级	市	场	所	游	店	电	影	拳	读	营	体	足	鱼
游	读	拳	拼	工	球	乐	益	棒	图	陶	鱼	育	跳	陶
术	活	技	技	法	针	益	技	影	球	能	乐	场	影	读
市	场	魔	品	拳	游	技	益	法	魔	球	猎	活	戏	击
织	游	远	大	阅	棒	暇	阅	针	游	工	棒	法	棒	纫
针	工	露	校	学	纫	暇	园	球	球	读	放	纫	益	松
绘	足	瓷	针	技	鱼	暇	击	绘	游	跳	剧	院	击	艺
棒	戏	鱼	露	露	读	篮	影	陶	猎	能	画	魔	击	露

机场
面包店
银行
书店
电影
诊所
花店
画廊
酒店
图书馆
市场
博物馆
药店
学校
体育场
商店
超级市场
剧院
大学
动物园

48 - Antarctica

温	篮	放	营	能	阅	缝	工	活	潜	陶	击	棒	魔	益
趣	度	读	松	暇	艺	舞	营	拼	洛	击	画	画	益	击
地	篮	瓷	水	暇	钓	能	露	品	奇	能	品	纫	工	科
形	缝	动	击	术	益	阅	松	画	绘	影	游	园	击	学
品	陶	潜	戏	游	松	暇	大	移	戏	戏	云	纫	跳	的
球	魔	术	瓷	能	远	摄	陆	民	织	球	乐	阅	瓷	鱼
舞	钓	游	纫	潜	棒	狩	拼	缝	魔	海	露	放	露	术
画	利	远	技	魔	舞	松	拳	篮	远	湾	技	趣	读	舞
动	缝	利	远	织	击	放	陶	动	暇	征	湾	研	图	园
鸟	利	针	法	瓷	潜	技	狩	缝	织	岛	屿	究	活	营
摄	类	纫	跳	球	暇	鱼	园	益	艺	鱼	拼	员	保	护
远	术	猎	跳	摄	缝	园	缝	法	球	乐	法	瓷	放	钓
环	能	篮	活	戏	拳	放	活	读	纫	法	游	露	半	岛
境	地	理	鱼	技	冰	读	营	法	露	读	瓷	趣	阅	纫
鱼	画	织	拼	织	川	品	拳	游	陶	品	鱼	利	冰	狩

鸟类
保护
大陆
海湾
环境
远征
地理
冰川

岛屿
移民
半岛
研究员
洛奇
科学的
温度
地形

49 - Human Body

膝	法	织	骨	头	乐	影	狩	脑	活	技	松	狩	猎	游
艺	盖	肩	膀	脸	技	鱼	益	术	园	暇	钓	术	摄	球
拼	艺	趣	瓷	品	针	跳	潜	舞	跳	活	益	潜	潜	营
足	艺	能	瓷	潜	图	狩	拳	阅	品	趣	工	艺	能	球
艺	缝	乐	乐	纫	织	击	游	技	猎	摄	狩	跳	陶	工
猎	鱼	益	缝	击	远	猎	放	摄	钓	戏	跳	篮	篮	魔
耳	朵	园	动	艺	戏	动	钓	手	指	纫	狩	跳	影	猎
术	动	读	利	园	品	术	摄	松	猎	血	阅	狩	棒	画
松	动	下	巴	露	利	魔	手	游	露	远	腿	园	心	营
绘	钓	球	露	棒	皮	摄	棒	钓	跳	摄	针	狩	动	品
球	工	园	远	品	肤	瓷	影	拼	游	读	游	跳	放	击
拼	远	远	绘	阅	拼	术	营	游	技	图	跳	魔	织	颚
品	园	瓷	利	活	术	暇	猎	拳	阅	品	跳	鼻	子	针
术	击	跳	松	阅	技	篮	绘	能	鱼	球	趣	足	园	脖
能	能	暇	乐	击	影	工	暇	嘴	拳	肘	部	踝	影	术

骨头
下巴
耳朵
肘部
手指
膝盖
脖子
鼻子
肩膀
皮肤

50 - Musical Instruments

棒	放	陶	动	图	放	大	提	琴	吉	绘	能	能	影	长
魔	动	钓	击	球	阅	园	利	竖	益	他	活	营	阅	笛
马	林	巴	打	放	篮	益	瓷	放	法	放	针	击	针	工
放	影	猎	击	双	簧	管	簧	单	跳	足	跳	足	拳	跳
阅	远	锣	乐	魔	工	摄	松	针	艺	拳	陶	利	喇	叭
钓	足	针	器	品	活	艺	摄	巴	摄	活	活	陶	猎	乐
营	球	织	狩	法	法	击	钓	营	班	营	棒	潜	利	益
园	鼓	长	萨	魔	园	猎	纫	狩	画	卓	舞	松	园	益
曼	槌	号	克	狩	动	放	摄	足	拳	瓷	琴	提	小	远
陀	图	针	斯	舞	钢	琴	瓷	营	乐	益	工	跳	艺	戏
林	绘	跳	管	影	读	戏	营	图	乐	游	动	营	能	工
鼓	铃	品	拳	艺	暇	舞	乐	读	瓷	缝	拼	读	潜	陶
猎	钓	放	猎	钓	狩	露	织	放	鱼	松	园	织	魔	趣
园	技	戏	影	摄	陶	拳	瓷	织	篮	篮	绘	益	跳	松
魔	棒	读	跳	图	针	术	棒	纫	图	缝	拼	利	阅	狩

班卓琴
巴松管
大提琴
单簧管
鼓槌
长笛
吉他
竖琴
曼陀林
马林巴
双簧管
打击乐器
钢琴
萨克斯管
铃鼓
长号
喇叭
小提琴

51 - Fruit

绘	动	拳	织	瓷	画	动	绘	纫	营	篮	织	戏	苹	画
阅	球	钓	戏	摄	菠	拼	针	游	纫	球	游	动	果	梨
松	猎	浆	果	趣	萝	织	阅	松	放	艺	针	画	芒	鳄
潜	乐	露	画	瓷	纫	阅	品	暇	品	松	覆	钓	香	缝
番	石	榴	潜	狩	摄	品	摄	读	游	钓	盆	动	跳	蕉
陶	缝	乐	球	远	足	品	阅	工	工	艺	子	篮	影	钓
活	绘	乐	无	花	果	桃	画	乐	利	瓷	鱼	绘	影	趣
瓷	椰	子	瓷	摄	品	猴	益	品	足	拳	益	拳	缝	暇
棒	狩	纫	远	针	乐	猕	陶	乐	营	放	足	艺	瓜	动
陶	图	摄	乐	陶	技	钓	柠	檬	活	游	钓	鱼	木	画
法	阅	拳	缝	击	品	戏	钓	营	放	舞	技	陶	趣	油
影	织	击	摄	足	放	针	艺	远	织	松	远	葡	远	桃
工	绘	织	乐	工	画	放	篮	篮	工	能	瓷	摄	萄	樱
营	篮	击	足	暇	杏	松	绘	针	钓	松	动	拼	棒	暇
工	猎	狩	织	动	乐	能	艺	拼	影	瓷	营	游	远	读

苹果
鳄梨
香蕉
浆果
樱桃
椰子
无花果
葡萄

番石榴
猕猴桃
柠檬
芒果
油桃
木瓜
菠萝
覆盆子

52 - Engineering

杠	舞	篮	露	园	活	趣	暇	画	乐	织	读	舞	跳	鱼
杆	跳	潜	拼	艺	读	织	戏	瓷	球	读	活	球	放	棒
读	魔	读	露	法	法	深	度	足	品	利	工	活	远	钓
画	舞	露	益	钓	品	舞	纫	角	潜	魔	画	利	跳	动
瓷	活	园	能	戏	稳	引	陶	马	棒	影	技	瓷	读	图
图	趣	棒	活	源	定	画	擎	达	绘	工	利	鱼	读	计
球	术	液	体	园	性	分	缝	读	法	营	放	图	力	算
活	品	乐	远	魔	鱼	配	品	陶	技	球	益	表	量	测
乐	读	瓷	园	读	法	法	园	纫	利	击	益	活	拳	园
舞	工	结	构	活	暇	狩	狩	法	陶	陶	画	营	足	艺
趣	技	织	阅	舞	击	影	活	缝	绘	机	器	画	游	舞
钓	游	足	动	读	乐	猎	跳	露	轴	动	陶	远	推	齿
法	营	陶	趣	活	放	拼	品	狩	拼	击	拳	鱼	进	轮
舞	动	直	径	远	戏	利	摄	针	钓	品	艺	游	读	露
能	益	击	拳	影	纫	柴	油	猎	狩	图	球	魔	狩	缝

角度
计算
深度
图表
直径
柴油
分配
能源
引擎
齿轮

杠杆
液体
机器
测量
马达
推进
稳定性
力量
结构

53 - Government

营	独	工	区	拼	暇	趣	舞	营	钓	动	魔	法	画	戏
游	缝	立	状	民	暇	品	能	术	远	潜	跳	瓷	动	舞
自	活	益	态	事	技	鱼	缝	异	阅	游	趣	品	潜	松
由	游	跳	拼	击	篮	份	篮	议	陶	影	能	阅	拳	鱼
趣	足	露	艺	球	摄	身	乐	术	讨	纪	活	趣	戏	趣
缝	鱼	击	鱼	缝	和	民	主	宪	论	念	游	球	瓷	游
活	钓	潜	跳	棒	平	公	猎	营	法	碑	陶	魔	品	暇
营	品	品	球	读	画	正	狩	营	司	法	瓷	放	影	球
动	品	图	击	能	纫	义	摄	纫	技	潜	乐	瓷	营	击
活	跳	画	缝	魔	暇	纫	画	乐	营	平	等	营	魔	钓
球	能	摄	艺	游	影	营	艺	读	阅	陶	鱼	图	摄	图
钓	跳	法	缝	拼	摄	足	术	拳	远	钓	工	瓷	针	绘
影	球	远	国	家	画	政	图	拳	鱼	技	狩	演	讲	魔
潜	纫	戏	织	暇	绘	治	技	棒	工	足	象	征	益	法
游	技	趣	绘	击	法	律	乐	技	动	暇	击	阅	品	瓷

公民身份
民事
宪法
民主
讨论
异议
平等
独立
司法
正义
法律
自由
纪念碑
国家
和平
政治
演讲
状态
象征

54 - Art Supplies

露	品	读	工	针	暇	墨	园	远	绘	松	动	拼	缝	绘
照	陶	影	技	潜	艺	游	水	远	阅	魔	露	能	益	法
暇	相	钓	胶	跳	击	瓷	园	绘	园	足	品	法	拳	足
园	缝	机	水	动	趣	远	棒	跳	活	摄	跳	图	击	陶
绘	营	足	趣	拼	游	活	拳	纫	陶	足	缝	油	铅	篮
狩	钓	钓	读	益	戏	想	动	缝	击	绘	拼	能	笔	颜
黏	土	读	木	拳	钓	法	法	椅	子	创	球	露	暇	色
活	动	放	炭	丙	烯	酸	纤	维	刷	造	水	暇	击	图
暇	鱼	篮	油	猎	暇	图	拼	能	利	力	法	拳	缝	能
放	利	篮	戏	漆	摄	魔	拼	纫	拳	纸	园	松	益	球
露	术	缝	球	影	放	鱼	动	篮	露	陶	猎	织	能	潜
潜	园	利	戏	放	露	戏	陶	营	桌	子	读	品	潜	园
棒	绘	篮	水	彩	橡	皮	艺	击	摄	趣	纫	营	魔	篮
画	架	舞	法	技	技	足	技	棒	瓷	趣	图	纫	乐	棒
暇	图	能	放	松	阅	品	针	松	拳	工	猎	瓷	篮	益

丙烯酸纤维
刷子
照相机
椅子
木炭
黏土
颜色
创造力
画架
橡皮
胶水
想法
墨水
油漆
铅笔
桌子
水彩

55 - Science Fiction

绘	舞	棒	棒	缝	能	活	球	戏	技	术	拼	工	动	拳
拼	瓷	击	戏	艺	能	动	活	图	舞	读	纫	拼	戏	画
阅	法	拼	虚	放	松	放	乌	鱼	跳	纫	球	足	影	园
法	绘	球	构	艺	艺	术	托	读	影	活	拼	足	露	放
画	能	活	的	化	学	品	邦	反	乌	托	邦	品	营	工
绘	益	跳	放	潜	狩	游	跳	利	球	机	艺	狩	缝	钓
读	暇	艺	园	画	拼	缝	绘	击	阅	术	器	远	图	动
跳	猎	跳	乐	错	技	电	影	钓	露	棒	远	人	缝	球
缝	术	拼	园	图	觉	能	戏	绘	技	动	陶	阅	阅	影
利	远	活	甲	织	暇	棒	拼	拼	鱼	活	书	籍	动	读
法	法	画	骨	跳	能	艺	狩	极	端	行	克	猎	缝	缝
瓷	爆	鱼	文	世	界	游	未	能	系	星	隆	神	秘	画
松	炸	术	活	瓷	拼	暇	来	动	益	火	棒	露	利	能
原	棒	鱼	瓷	乐	拼	游	派	击	远	松	潜	趣	品	拳
足	子	园	技	影	舞	松	跳	趣	远	棒	缝	鱼	球	足

原子
书籍
化学品
电影
克隆
反乌托邦
爆炸
极端
未来派
星系

错觉
虚构的
神秘
甲骨文
行星
机器人
技术
乌托邦
世界

56 - Geometry

艺	中	平	行	三	潜	营	棒	乐	读	品	阅	瓷	绘	技
织	位	水	摄	段	角	潜	针	拳	方	技	拳	营	篮	缝
针	数	园	术	动	法	形	计	算	程	拳	动	缝	尺	寸
绘	魔	读	魔	球	拳	影	篮	品	击	利	击	露	缝	动
跳	暇	读	陶	活	利	营	活	钓	法	戏	图	图	跳	能
瓷	缝	艺	球	画	露	瓷	击	拼	露	能	活	拼	潜	拼
拳	放	趣	游	图	绘	纫	术	活	猎	织	暇	魔	潜	影
鱼	篮	读	远	能	乐	技	工	钓	逻	击	陶	曲	线	法
直	径	圈	露	动	品	表	猎	利	动	辑	画	质	理	画
垂	绘	动	利	魔	园	面	园	球	工	魔	陶	量	论	绘
摄	潜	营	缝	篮	戏	足	工	露	工	影	益	园	摄	动
松	技	能	活	营	织	拳	利	露	舞	魔	钓	活	绘	阅
图	乐	工	利	魔	绘	击	对	称	钓	钓	瓷	营	球	魔
角	度	针	拳	影	瓷	篮	比	游	绘	陶	戏	魔	动	陶
趣	高	画	活	摄	利	营	远	例	画	足	针	潜	戏	棒

角度
计算
曲线
直径
尺寸
方程
高度
水平
逻辑
质量
中位数
平行
比例
表面
对称
理论
三角形
垂直

57 - Creativity

跳	跳	画	灵	感	法	陶	舞	动	感	觉	益	图	读	游
品	摄	猎	绘	利	陶	图	像	术	益	直	阅	针	露	阅
法	棒	击	影	技	足	戏	摄	绘	艺	放	画	露	陶	球
图	针	品	放	拳	工	画	摄	缝	品	击	活	鱼	戏	跳
露	松	艺	暇	动	乐	工	影	跳	营	利	艺	阅	动	流
能	纫	魔	园	跳	跳	潜	绘	图	情	陶	画	拳	园	动
品	益	愿	景	能	足	动	园	狩	绪	陶	潜	益	绘	性
露	游	画	能	击	拼	法	潜	术	绘	拳	狩	织	图	剧
营	陶	舞	魔	营	营	球	营	远	拳	品	足	阅	狩	戏
技	远	篮	能	猎	拳	游	球	影	工	画	明	发	动	绘
画	陶	放	钓	营	狩	拼	真	击	自	发	的	晰	表	技
舞	品	画	球	足	趣	击	实	篮	影	活	术	拼	达	能
乐	拳	品	艺	绘	影	陶	性	击	力	力	艺	法	想	益
艺	暇	营	篮	露	魔	远	潜	印	象	摄	读	强	瓷	法
击	露	利	乐	艺	足	拳	动	戏	想	戏	击	活	度	针

艺术的
真实性
明晰
戏剧性
情绪
表达
流动性
想法
图像
想象力
印象
灵感
强度
直觉
发明
感觉
技能
自发的
愿景
活力

58 - Airplanes

品	读	工	篮	引	阅	拳	益	工	营	游	露	缝	动	球
绘	动	阅	阅	松	擎	法	摄	摄	跳	拳	放	阅	术	方
乐	空	氢	陶	跳	魔	露	能	下	降	舞	工	戏	针	向
术	气	法	拳	利	法	趣	鱼	趣	读	动	技	膨	法	艺
猎	营	读	戏	气	球	松	画	乘	绘	品	跳	潜	胀	营
纫	露	棒	松	潜	篮	纫	松	客	游	摄	技	品	技	工
露	拳	篮	螺	旋	桨	戏	活	图	露	陶	篮	缝	益	园
画	益	绘	放	游	图	法	术	摄	暇	降	放	暇	趣	缝
舞	露	游	历	史	画	画	棒	船	员	落	球	艺	读	乐
乐	术	跳	园	动	读	瓷	陶	远	行	图	狩	狩	钓	魔
高	度	园	工	大	气	层	乐	拳	飞	绘	绘	跳	益	趣
舞	织	潜	技	足	舞	燃	绘	利	利	天	空	阅	篮	瓷
猎	魔	钓	能	术	狩	料	湍	流	拼	品	击	益	能	技
设	放	鱼	针	鱼	拳	影	品	针	舞	钓	击	技	动	棒
放	计	术	松	冒	险	游	击	拼	园	利	篮	乐	利	瓷

冒险
空气
大气层
气球
船员
下降
设计
方向
引擎
燃料

高度
历史
膨胀
降落
乘客
飞行员
螺旋桨
天空
湍流

59 - Ocean

球	球	远	暇	瓷	阅	鱼	工	绘	画	足	魔	棒	舞	品
绘	篮	益	露	猎	拳	活	拼	动	球	游	舞	动	魔	露
足	舞	画	篮	缝	画	牡	狩	利	读	缝	瓷	法	棒	益
鲸	陶	狩	利	趣	图	工	蛎	潜	拳	活	技	图	棒	钓
园	画	能	暇	舞	影	魔	风	舞	艺	篮	击	益	摄	跳
魔	图	鱼	戏	益	工	鱼	暴	篮	法	术	绘	远	猎	露
利	跳	放	鱼	棒	远	露	能	棒	戏	鳗	棒	球	猎	舞
珊	拳	针	针	钓	瓷	拳	织	藻	类	鱼	章	鱼	松	法
瑚	鱼	放	潜	狩	动	潜	绵	海	拳	枪	棒	钓	针	纫
拳	跳	阅	法	鱼	潮	汐	工	拼	纫	金	礁	拳	豚	猎
魔	放	鲨	动	潜	陶	利	园	钓	针	摄	品	益	海	舞
潜	艺	远	鱼	图	纫	球	足	活	图	篮	利	潜	鱼	蜇
读	阅	能	盐	纫	纫	益	纫	工	放	活	击	乌	狩	篮
画	趣	拼	缝	术	乐	螃	魔	潜	读	猎	篮	龟	针	能
球	摄	猎	技	纫	乐	蟹	活	虾	能	图	摄	猎	趣	松

藻类
珊瑚
螃蟹
海豚
鳗鱼
海蜇
章鱼
牡蛎

海藻
鲨鱼
海绵
风暴
潮汐
金枪鱼
乌龟

60 - Force and Gravity

棒	陶	织	阅	鱼	技	术	活	舞	能	营	球	品	中	露
钓	放	拼	篮	读	放	发	击	放	远	画	魔	图	术	央
纫	品	品	能	园	摄	现	露	跳	技	棒	跳	足	读	拳
影	压	轨	道	影	球	织	魔	乐	品	能	能	阅	击	击
狩	力	击	钓	响	艺	松	球	舞	绘	拳	营	技	动	活
放	远	瓷	能	利	术	动	暇	摄	潜	纫	足	能	能	营
棒	法	动	拳	针	舞	态	术	拳	乐	技	露	露	击	击
纫	速	度	缝	棒	松	术	织	放	戏	营	活	针	能	暇
磁	性	猎	猎	品	术	园	篮	轴	扩	张	技	远	动	篮
瓷	狩	时	技	动	工	纫	阅	戏	缝	足	距	摩	棒	魔
松	重	间	跳	球	量	摄	击	狩	园	摄	离	擦	织	活
暇	量	影	阅	暇	画	针	拳	放	瓷	物	理	工	趣	缝
能	松	猎	运	露	远	拳	摄	力	学	松	舞	瓷	击	潜
影	跳	鱼	游	动	普	遍	的	远	绘	法	放	绘	球	乐
松	瓷	乐	钓	鱼	远	露	钓	放	能	行	星	潜	足	艺

中央
发现
距离
动态
扩张
摩擦
影响
磁性
力学
动量

运动
轨道
物理
行星
压力
速度
时间
普遍的
重量

61 - Birds

火	棒	乐	织	法	缝	技	动	营	能	露	球	图	摄	拼
烈	营	潜	乐	影	鹰	跳	松	法	织	足	影	舞	金	动
鸟	乐	足	活	钓	绘	棒	针	益	术	瓷	陶	艺	丝	蛋
针	能	针	能	击	织	益	球	魔	艺	暇	术	钓	雀	活
读	能	摄	益	戏	能	园	松	跳	图	露	乐	魔	活	钓
企	品	缝	拳	球	暇	艺	远	园	拼	魔	术	杜	跳	戏
鹅	法	鸭	鹳	织	乌	术	鸵	艺	活	绘	艺	影	鹃	技
针	技	钓	技	图	鸦	趣	鸟	松	纫	足	击	益	图	远
狩	法	击	放	能	利	鹦	绘	篮	球	利	拼	活	钓	读
技	鸥	棒	影	苍	鹭	鹉	拳	能	乐	远	足	工	巨	拼
趣	织	拼	法	能	鸡	品	棒	鹈	放	影	跳	瓷	嘴	远
品	游	阅	放	露	球	法	利	鹕	绘	纫	针	篮	鸟	篮
鹅	球	读	活	画	露	潜	活	利	园	陶	狩	读	活	营
放	天	法	球	猎	动	影	暇	读	足	鱼	瓷	孔	雀	画
利	技	读	瓷	技	活	放	影	拳	针	术	跳	画	麻	舞

金丝雀
乌鸦
杜鹃
火烈鸟
苍鹭
鸵鸟
鹦鹉
孔雀
鹈鹕
企鹅
麻雀
天鹅
巨嘴鸟

62 - Nutrition

阅	术	棒	拳	术	缝	舞	园	活	魔	鱼	习	纫	球	织
毒	碳	水	化	合	物	液	益	球	艺	针	惯	跳	影	鱼
素	健	康	食	消	苦	体	养	分	舞	利	发	击	质	量
营	魔	读	用	平	衡	的	技	拼	阅	拳	酱	酵	远	击
放	拳	味	趣	营	图	球	跳	绘	阅	品	球	瓷	游	术
活	拼	道	足	远	食	欲	潜	魔	技	瓷	魔	针	篮	棒
狩	维	露	猎	乐	饮	戏	绘	篮	技	重	量	品	法	松
能	生	针	绘	潜	营	法	露	暇	术	缝	乐	阅	艺	远
狩	素	拳	纫	工	趣	针	跳	艺	缝	绘	艺	艺	营	术
狩	品	益	阅	暇	棒	暇	术	针	法	松	卡	画	针	拳
露	陶	读	蛋	远	鱼	园	球	摄	瓷	图	路	法	陶	摄
图	拼	潜	能	白	球	针	跳	工	图	足	里	球	钓	鱼
技	暇	魔	戏	狩	质	营	潜	鱼	陶	阅	纫	纫	球	松
拳	松	营	放	跳	利	园	纫	舞	针	拼	能	瓷	游	纫
足	读	纫	瓷	潜	织	利	陶	技	远	针	陶	远	摄	拳

食欲
平衡的
卡路里
碳水化合物
饮食
消化
食用
发酵
味道

习惯
健康
液体
养分
蛋白质
质量
毒素
维生素
重量

63 - Hiking

重	山	织	游	针	动	物	公	益	魔	图	露	乐	大	园
利	猎	魔	陶	球	拼	足	潜	园	指	画	远	营	自	足
气	拼	潜	纫	绘	品	能	法	技	南	钓	绘	露	然	活
候	松	乐	法	益	击	品	跳	篮	读	拳	园	能	猎	舞
园	品	缝	鱼	针	营	远	绘	篮	乐	趣	读	戏	画	击
术	猎	松	狩	狩	放	织	狩	鱼	狩	太	技	狩	利	乐
阅	拼	击	品	击	绘	足	动	击	陶	阳	准	备	潜	图
舞	图	球	松	鱼	术	乐	拳	术	绘	法	织	活	针	能
方	向	纫	法	悬	崖	术	乐	图	球	篮	舞	击	荒	野
图	画	远	水	动	乐	技	危	石	靴	子	益	拼	猎	图
法	松	织	暇	工	拳	放	害	头	织	放	品	工	暇	累
艺	魔	阅	绘	暇	陶	织	戏	松	游	暇	篮	营	图	绘
摄	园	动	工	能	陶	远	球	营	远	露	放	拼	拳	针
品	露	能	舞	利	纫	园	陶	足	远	舞	陶	地	球	游
游	峰	会	法	利	针	猎	艺	艺	读	动	游	猎	图	纫

动物
靴子
露营
悬崖
气候
指南
危害
地图

大自然
方向
公园
准备
石头
峰会
太阳
荒野

64 - Professions #1

水	针	魔	术	阅	动	品	棒	趣	瓷	跳	利	放	纫	击
手	医	生	能	瓷	放	猎	摄	瓷	绘	纫	艺	魔	益	趣
缝	艺	跳	潜	读	瓷	人	猎	图	远	陶	利	乐	猎	兽
鱼	钓	足	远	图	鱼	针	心	理	学	家	乐	音	乐	医
工	远	益	园	法	暇	技	趣	远	园	琴	行	护	士	活
益	露	鱼	活	图	趣	猎	陶	活	露	钢	织	银	棒	益
裁	缝	暇	狩	珠	水	远	术	跳	暇	针	鱼	潜	动	趣
纫	松	拼	跳	宝	管	影	绘	露	活	松	猎	跳	远	潜
钓	趣	拼	园	商	工	艺	益	画	趣	针	潜	技	品	艺
击	织	技	能	放	针	活	摄	跳	篮	潜	舞	织	织	活
织	瓷	动	园	动	足	趣	地	质	学	家	法	大	技	艺
瓷	绘	针	活	狩	缝	能	活	织	摄	蹈	教	练	使	画
天	文	学	家	律	品	篮	趣	读	园	舞	猎	动	读	图
陶	拼	击	绘	师	跳	远	拳	魔	艺	纫	园	编	篮	活
阅	制	图	师	趣	棒	画	摄	技	艺	艺	跳	活	辑	术

大使
天文学家
律师
银行家
制图师
教练
舞蹈家
医生
编辑
地质学家
猎人
珠宝商
音乐家
护士
钢琴家
水管工
心理学家
水手
裁缝
兽医

65 - Barbecues

缝	拼	戏	跳	鸡	击	工	瓷	刀	益	球	针	艺	针	织
活	针	击	潜	趣	放	术	品	益	鱼	影	戏	魔	烧	瓷
读	工	画	舞	能	晚	趣	动	击	击	品	沙	拉	魔	烤
缝	绘	露	足	艺	餐	午	乐	阅	缝	露	钓	游	戏	钓
纫	法	营	拼	击	篮	足	家	利	图	球	针	动	狩	戏
热	足	食	鱼	园	纫	针	庭	露	暇	纫	暇	术	跳	纫
技	游	物	乐	球	魔	织	术	暇	园	饥	饿	动	工	酱
朋	友	品	拼	陶	影	绘	暇	影	远	法	图	露	纫	猎
猎	潜	摄	品	放	活	露	舞	织	品	瓷	陶	缝	松	利
潜	艺	术	击	远	瓷	艺	工	狩	针	篮	园	术	法	拼
工	松	盐	针	鱼	魔	魔	术	阅	放	园	击	篮	图	魔
叉	潜	魔	夏	松	阅	舞	足	番	猎	音	乐	纫	营	暇
戏	鱼	水	天	能	钓	蔬	阅	茄	纫	图	品	图	纫	露
远	乐	绘	果	游	棒	菜	瓷	益	工	拼	足	品	针	乐
狩	篮	品	影	拼	品	戏	园	阅	击	击	游	拼	趣	潜

晚餐
家庭
食物
朋友
水果
游戏
烧烤

饥饿
午餐
音乐
沙拉
夏天
番茄
蔬菜

66 - Chocolate

趣	趣	技	能	读	法	影	能	拳	法	球	工	游	趣	营
足	露	织	绘	摄	渴	望	益	苦	猎	影	营	趣	跳	画
工	篮	跳	活	足	球	拳	品	放	魔	放	钓	食	园	绘
足	陶	可	露	魔	图	放	最	喜	欢	的	陶	谱	乐	瓷
舞	球	可	远	读	暇	鱼	动	松	舞	法	击	织	篮	松
魔	画	舞	远	暇	甜	蜜	的	抗	香	气	园	质	量	能
戏	鱼	鱼	动	异	陶	戏	道	氧	椰	画	绘	拳	针	暇
魔	纫	击	瓷	动	国	美	味	化	子	跳	针	球	读	读
法	图	远	陶	益	远	情	法	剂	拳	暇	益	摄	园	游
篮	趣	营	阅	利	拳	针	调	钓	鱼	花	生	成	分	陶
暇	击	工	缝	利	绘	活	术	摄	摄	瓷	放	画	篮	篮
拼	击	动	摄	针	动	棒	跳	绘	露	针	拳	暇	露	击
游	魔	戏	影	技	工	戏	法	工	利	织	绘	活	卡	读
艺	焦	果	品	陶	艺	松	放	击	利	乐	缝	露	路	摄
松	画	糖	放	拳	摄	法	技	乐	园	影	织	拳	里	陶

抗氧化剂
香气
可可
卡路里
糖果
焦糖
椰子
渴望
美味
异国情调
最喜欢的
成分
花生
质量
食谱
甜蜜的
味道

67 - Vegetables

艺	画	游	法	乐	露	鱼	益	露	狩	游	法	南	瓜	趣
利	能	球	法	能	朝	绘	画	游	工	利	艺	技	篮	益
跳	足	营	读	拼	鲜	狩	法	拳	拳	艺	戏	击	利	球
艺	术	大	胡	缝	蓟	画	击	陶	摄	鱼	魔	针	鱼	松
营	露	蒜	萝	动	品	瓷	阅	阅	乐	露	营	潜	乐	影
品	葱	工	卜	针	棒	松	鱼	术	艺	拼	工	鱼	影	画
术	技	技	拳	能	黄	姜	影	暇	棒	戏	暇	篮	缝	动
摄	游	缝	能	营	瓜	棒	洋	葱	艺	击	菠	菜	椰	花
纫	击	艺	足	读	豌	豆	舞	狩	乐	利	球	香	松	兰
画	法	能	术	芜	缝	番	瓷	钓	狩	芹	艺	读	术	西
萝	趣	魔	瓷	菁	子	茄	沙	拉	放	拼	菜	影	狩	纫
营	卜	狩	针	影	营	术	图	影	瓷	利	工	游	术	画
品	舞	暇	放	猎	潜	蘑	菇	放	能	法	活	鱼	篮	园
乐	鱼	潜	绘	松	鱼	影	能	利	工	篮	松	活	瓷	暇
瓷	击	动	织	潜	营	足	棒	鱼	篮	舞	狩	露	舞	技

朝鲜蓟
西兰花
胡萝卜
花椰菜
芹菜
黄瓜
茄子
大蒜
蘑菇
洋葱
香菜
豌豆
南瓜
萝卜
沙拉
菠菜
番茄
芜菁

68 - The Media

图	教	猎	狩	缝	足	远	摄	放	营	工	园	照	舞	营
魔	育	收	音	机	品	图	画	纫	图	知	棒	片	数	字
术	趣	放	图	工	绘	图	图	绘	影	阅	识	益	针	针
猎	钓	鱼	工	技	舞	像	足	能	益	瓷	动	分	针	松
事	实	狩	潜	艺	拼	艺	游	园	跳	绘	露	趣	子	拼
拼	缝	乐	沟	通	露	意	见	工	足	图	术	松	拼	游
本	地	球	画	放	影	远	露	针	绘	阅	鱼	足	跳	图
态	度	利	拳	画	报	纸	品	工	鱼	能	跳	工	摄	针
品	利	阅	纫	戏	放	足	画	活	阅	读	钓	瓷	业	利
拼	潜	艺	瓷	暇	拳	利	版	远	影	拳	趣	跳	缝	法
读	魔	技	陶	远	瓷	画	跳	影	鱼	艺	纫	足	拼	远
织	击	跳	能	品	暇	艺	网	瓷	读	图	趣	动	技	纫
松	品	陶	击	技	能	暇	络	术	乐	棒	潜	技	织	杂
狩	球	网	资	金	个	人	拳	图	摄	放	潜	工	击	志
针	足	影	上	动	摄	利	瓷	猎	拼	营	广	告	放	猎

广告
态度
沟通
数字
教育
事实
资金
图像
个人
工业
知识分子
本地
杂志
网络
报纸
网上
意见
照片
收音机

69 - Boats

摄	织	钓	拼	图	读	能	拼	利	影	画	棒	拳	趣	趣
阅	图	湖	能	针	击	放	术	营	趣	戏	动	拳	艺	法
乐	狩	猎	品	松	游	读	园	影	钓	舞	鱼	工	放	游
棒	活	棒	动	能	图	绘	读	戏	缝	码	头	针	读	猎
摄	桅	猎	拼	松	阅	皮	艺	缝	鱼	品	阅	跳	狩	球
猎	杆	陶	乐	鱼	阅	乐	艇	生	救	瓷	缝	放	戏	工
球	园	技	营	乐	渡	轮	绳	瓷	猎	园	法	远	读	舞
画	益	帆	绘	击	击	活	子	的	读	河	戏	阅	趣	篮
戏	员	船	织	瓷	露	陶	洋	上	技	乐	摄	能	瓷	绘
术	利	园	阅	乐	营	远	术	海	能	画	拼	术	露	纫
品	趣	工	缝	活	潜	利	鱼	狩	绘	影	法	露	园	暇
筏	水	棒	放	术	瓷	活	绘	工	拼	浮	游	独	木	舟
鱼	手	猎	趣	引	擎	拳	技	纫	足	标	艇	影	摄	露
钓	球	锚	跳	暇	纫	技	瓷	工	乐	动	放	瓷	瓷	活
动	猎	拳	技	缝	松	露	鱼	动	击	棒	猎	足	动	摄

浮标
独木舟
船员
码头
引擎
渡轮
皮艇
救生艇
桅杆
海上的
海洋
绳子
帆船
水手
游艇

70 - Activities and Leisure

动	技	品	潜	钓	远	舞	放	钓	球	远	球	针	猎	阅
猎	艺	摄	篮	图	动	鱼	读	纫	潜	足	陶	放	松	活
跳	纫	鱼	品	猎	利	戏	跳	拳	摄	水	图	棒	动	鱼
摄	读	织	针	球	松	舞	织	潜	钓	园	球	球	排	放
影	松	术	戏	戏	动	营	击	动	魔	击	画	能	暇	影
网	游	针	瓷	图	瓷	足	远	拳	拳	画	缝	技	爱	好
露	球	篮	棒	绘	舞	摄	拳	游	击	乐	缝	法	园	趣
戏	夫	拼	击	游	画	钓	暇	术	营	游	购	摄	钓	跳
绘	尔	瓷	影	缝	猎	戏	纫	园	暇	织	物	击	鱼	品
益	高	技	篮	动	园	舞	艺	术	阅	陶	击	缝	游	泳
技	动	艺	营	松	读	营	篮	松	缝	园	足	趣	暇	远
织	钓	魔	阅	活	艺	技	图	缝	能	放	戏	织	绘	能
绘	魔	钓	足	放	戏	旅	摄	园	艺	趣	远	法	营	钓
画	阅	品	球	术	露	行	冲	浪	陶	品	益	图	能	击
跳	狩	击	乐	潜	远	营	足	钓	活	益	影	狩	球	钓

艺术
棒球
篮球
拳击
露营
潜水
钓鱼
园艺
高尔夫球
远足

爱好
放松
购物
足球
冲浪
游泳
网球
旅行
排球

71 - Driving

安	全	技	利	魔	舞	魔	品	读	交	拼	警	远	读	击
画	露	魔	陶	司	拳	技	工	艺	通	放	察	足	露	远
放	危	阅	陶	戏	机	速	度	术	篮	戏	营	动	游	工
魔	险	阅	能	陶	潜	跳	暇	动	趣	魔	球	跳	影	动
马	营	地	拼	绘	执	照	猎	营	拳	动	缝	陶	放	魔
利	达	图	术	能	放	动	趣	篮	园	球	潜	狩	瓷	放
艺	拳	游	园	猎	纫	能	魔	暇	游	缝	鱼	放	图	击
燃	料	园	瓷	读	影	陶	摄	画	园	乐	游	乐	能	击
棒	图	露	图	绘	纫	鱼	瓷	拼	读	猎	游	球	潜	篮
影	营	路	暇	游	击	击	潜	纫	游	刹	车	松	动	艺
画	趣	趣	隧	道	动	松	击	事	故	术	托	乐	缝	舞
车	瓷	阅	拳	益	术	趣	狩	远	远	品	摩	影	行	人
库	趣	图	画	缝	足	术	活	棒	棒	松	篮	魔	趣	图
针	动	图	影	戏	汽	露	足	工	猎	击	缝	远	绘	陶
足	益	篮	益	术	法	车	卡	气	体	球	击	营	鱼	益

事故
刹车
汽车
危险
司机
燃料
车库
气体
执照
地图

马达
摩托车
行人
警察
安全
速度
交通
卡车
隧道

72 - Biology

摄	篮	远	解	缝	鱼	活	钓	棒	光	画	瓷	绘	暇	读
技	猎	胶	剖	拳	术	球	放	画	合	拳	鱼	游	瓷	趣
潜	猎	原	学	活	动	松	游	动	作	细	菌	露	利	陶
篮	放	品	猎	工	影	缝	棒	画	用	品	技	画	放	工
绘	针	图	针	陶	戏	足	趣	钓	工	自	鱼	乐	舞	能
缝	技	魔	针	园	读	针	跳	阅	法	然	乐	拳	艺	足
图	篮	技	益	乐	棒	暇	园	摄	摄	击	工	读	游	魔
动	工	魔	激	爬	利	拳	突	哺	瓷	酶	读	趣	猎	鱼
活	胚	拼	足	素	行	放	变	乳	艺	纫	工	工	活	拳
园	胎	突	园	技	潜	动	远	动	足	暇	鱼	篮	织	跳
蛋	潜	触	跳	拼	拼	利	物	物	瓷	绘	舞	进	化	鱼
击	白	神	经	染	色	体	戏	益	品	影	钓	艺	绘	益
松	技	质	潜	读	园	舞	阅	戏	法	陶	影	影	暇	读
细	胞	球	营	渗	动	共	织	拼	陶	放	阅	摄	篮	松
潜	神	经	元	透	活	生	术	趣	狩	陶	跳	篮	技	品

解剖学
细菌
细胞
染色体
胶原
胚胎
进化
激素
哺乳动物
突变
自然
神经
神经元
渗透
光合作用
蛋白质
爬行动物
共生
突触

73 - Professions #2

术	露	猎	画	医	生	动	画	工	程	师	游	针	纫	足
魔	画	乐	乐	牙	读	语	放	篮	纫	狩	拳	击	活	篮
园	阅	图	书	管	理	员	言	农	民	球	缝	放	读	术
丁	园	狩	技	篮	影	戏	工	学	潜	品	乐	绘	舞	阅
放	阅	棒	暇	篮	游	绘	魔	击	家	学	物	生	纫	能
魔	鱼	术	瓷	图	老	拼	钓	技	画	学	法	摄	暇	击
图	趣	外	动	远	师	摄	松	松	插	跳	哲	纫	放	游
鱼	钓	科	纫	利	术	织	品	记	足	足	画	潜	利	狩
益	活	医	戏	暇	猎	读	拼	工	者	鱼	读	跳	能	球
拳	击	生	侦	放	舞	乐	动	放	明	击	画	家	影	棒
术	鱼	狩	探	飞	行	员	航	宇	发	足	狩	学	钓	艺
利	阅	钓	趣	球	摄	织	游	缝	陶	陶	艺	物	潜	魔
乐	画	拳	法	舞	影	艺	篮	拳	拼	猎	纫	动	工	益
钓	动	狩	园	棒	瓷	园	暇	乐	鱼	露	狩	游	篮	技
拳	摄	影	师	趣	技	乐	猎	钓	图	利	纫	艺	乐	活

宇航员
生物学家
牙医
侦探
工程师
农民
园丁
插画家
发明者
记者
图书管理员
语言学家
画家
哲学家
摄影师
医生
飞行员
外科医生
老师
动物学家

74 - Mythology

戏	动	能	织	潜	迷	击	术	营	瓷	画	不	复	陶	乐
术	鱼	影	针	创	宫	绘	能	暇	戏	园	阅	朽	仇	狩
鱼	术	游	动	造	画	信	仰	篮	原	型	放	陶	灾	难
钓	跳	工	乐	篮	绘	球	技	篮	魔	暇	狩	趣	活	能
技	摄	钓	跳	露	钓	露	潜	战	士	远	摄	趣	影	摄
读	篮	园	工	狩	织	术	针	生	读	影	图	球	趣	活
文	化	画	缝	纫	足	读	鱼	物	动	力	益	针	足	放
图	术	跳	舞	纫	露	游	篮	园	陶	量	活	跳	狩	潜
跳	艺	利	陶	击	传	说	法	戏	猎	舞	暇	舞	魔	鱼
篮	狩	画	园	暇	击	英	猎	天	拼	怪	摄	行	为	拼
钓	篮	画	益	击	足	雄	篮	堂	画	物	摄	针	雷	足
法	陶	影	远	暇	纫	嫉	针	园	拼	阅	活	园	纫	远
画	读	缝	魔	钓	击	远	妒	摄	织	品	品	猎	陶	闪
园	露	戏	球	影	露	棒	猎	游	拳	击	潜	艺	篮	电
凡	人	狩	篮	击	钓	乐	松	陶	猎	影	工	露	足	暇

原型
行为
信仰
创造
生物
文化
灾难
天堂
英雄
不朽

嫉妒
迷宫
传说
闪电
怪物
凡人
复仇
力量
战士

75 - Agronomy

工	游	活	魔	缝	动	舞	跳	影	陶	棒	术	纫	鱼	游
技	拳	缝	放	益	工	学	暇	疾	水	影	舞	技	松	画
狩	拳	松	艺	跳	科	态	术	病	球	露	缝	缝	纫	能
陶	能	源	舞	乐	学	生	产	鱼	狩	工	读	戏	球	戏
蔬	鱼	针	农	放	能	拼	戏	趣	趣	纫	拼	动	针	能
钓	菜	种	技	业	肥	料	拳	阅	潜	棒	舞	暇	露	工
拳	拼	钓	子	魔	钓	钓	营	陶	织	拼	陶	阅	远	猎
足	舞	乐	利	工	击	工	技	乐	足	猎	利	益	益	放
利	阅	纫	舞	园	缝	品	针	缝	利	益	放	画	绘	缝
有	松	法	魔	侵	污	绘	狩	缝	鱼	土	壤	研	缝	足
机	营	活	工	蚀	染	动	术	工	技	纫	乐	究	足	营
拳	游	魔	活	影	品	放	能	潜	阅	钓	绘	游	能	摄
能	球	术	营	击	艺	球	针	工	园	乡	拼	食	物	植
艺	画	趣	摄	影	瓷	钓	暇	技	暇	村	系	活	魔	拳
跳	动	利	环	境	缝	乐	技	针	能	的	统	跳	游	游

农业
疾病
生态学
能源
环境
侵蚀
肥料
食物
有机
植物
污染
生产
研究
乡村的
科学
种子
土壤
系统
蔬菜

76 - Hair Types

工	益	篮	影	魔	篮	艺	营	魔	园	篮	利	露	暇	放
技	击	利	缝	图	绘	摄	动	放	缝	益	鱼	击	魔	针
纫	戏	光	滑	放	钓	影	营	拼	陶	鱼	技	影	陶	狩
品	球	营	法	远	魔	乐	拼	营	拳	狩	能	绘	利	发
品	纫	营	拼	跳	绘	露	魔	短	趣	趣	技	金	发	卷
术	图	艺	棒	艺	击	陶	针	舞	能	技	读	球	银	曲
篮	针	术	缝	放	远	猎	猎	营	趣	魔	游	品	艺	益
法	辫	园	拼	游	益	阅	针	技	暇	缝	球	潜	戏	猎
远	干	子	绘	远	陶	品	放	读	图	游	放	园	游	益
灰	色	纫	动	趣	影	编	潜	技	拼	篮	球	跳	画	戏
跳	白	织	薄	乐	棕	织	闪	亮	的	猎	潜	能	足	陶
潜	读	瓷	品	跳	色	活	猎	图	能	动	厚	球	拳	品
健	康	游	乐	缝	技	黑	柔	软	的	品	篮	艺	乐	织
利	狩	松	缝	潜	游	瓷	戏	游	球	击	品	针	营	篮
暇	益	潜	秃	益	击	营	术	游	影	工	球	技	长	技

黑色
金发
编织
辫子
棕色
卷发
卷曲
灰色
健康
闪亮的
光滑
柔软的
白色

77 - Garden

活	耙	吊	床	绘	缝	影	暇	读	读	能	读	法	绘	画
潜	术	鱼	远	车	画	摄	阅	绘	露	阅	术	趣	草	远
工	利	鱼	鱼	库	狩	拳	杂	阅	篮	戏	陶	阅	营	坪
利	松	平	游	法	远	鱼	草	戏	乐	阅	潜	松	影	乐
土	壤	台	球	拳	松	趣	树	击	戏	图	工	戏	足	远
织	影	足	画	能	乐	图	缝	绘	鱼	艺	蹦	技	针	活
阅	织	画	动	乐	工	趣	趣	乐	织	活	篮	床	戏	远
缝	动	拳	瓷	利	拳	露	读	棒	阅	缝	营	灌	园	软
击	营	猎	放	瓷	园	趣	游	技	瓷	瓷	拼	木	钓	管
图	技	潜	岩	棒	画	球	足	狩	活	法	戏	露	利	魔
拳	潜	画	石	术	池	塘	钓	园	果	画	纫	拼	摄	钓
阅	棒	影	乐	露	击	球	技	花	针	品	游	钓	读	活
艺	术	阅	拳	击	绘	陶	阅	阅	纫	图	门	游	鱼	钓
术	瓷	益	活	钓	放	品	拼	戏	阅	栅	廊	园	草	动
影	织	摄	钓	鱼	读	鱼	绘	读	足	能	栏	铲	能	图

灌木
栅栏
车库
花园
吊床
软管
草坪
果园

池塘
门廊
岩石
土壤
平台
蹦床
杂草

78 - Diplomacy

法	阅	拳	松	舞	影	读	游	织	魔	趣	足	品	活	正
足	戏	品	读	法	球	益	松	远	游	能	园	棒	缝	义
魔	术	松	活	拳	阅	工	游	营	艺	正	足	棒	社	主
园	潜	读	品	外	国	游	营	决	舞	能	直	乐	区	道
击	暇	合	棒	外	拳	潜	舞	议	放	猎	拼	治	球	人
讨	论	作	球	阅	交	拳	松	影	伦	读	乐	政	府	利
大	使	馆	织	术	营	舞	活	狩	理	乐	摄	益	露	品
冲	活	松	陶	动	解	品	绘	狩	棒	营	击	暇	猎	棒
利	突	钓	大	针	决	品	狩	钓	瓷	针	乐	拼	读	潜
绘	放	织	使	法	方	园	猎	松	阅	舞	拼	艺	纫	图
松	钓	鱼	能	画	案	益	击	暇	跳	缝	缝	篮	织	舞
舞	篮	读	狩	陶	狩	露	乐	缝	棒	足	放	画	阅	拼
拼	放	陶	乐	暇	摄	活	术	摄	营	钓	顾	问	松	暇
安	全	足	拳	图	影	能	条	约	公	民	品	画	缝	暇
戏	营	针	乐	艺	益	足	暇	纫	术	鱼	纫	魔	露	图

顾问
大使
公民
社区
冲突
合作
外交
讨论
大使馆
伦理

外国
政府
人道主义
正直
正义
政治
决议
安全
解决方案
条约

79 - Countries #1

狩	拳	牙	法	动	舞	影	陶	鱼	读	乐	松	趣	拼	趣
术	利	班	摄	艺	术	利	益	松	戏	击	乐	工	摄	露
技	巴	西	芬	兰	亚	尼	马	罗	越	南	棒	影	舞	猎
艺	艺	法	远	放	活	维	球	尼	篮	艺	游	影	猎	游
露	远	艺	品	术	埃	绘	脱	加	暇	放	潜	影	趣	绘
委	利	营	动	动	及	利	克	拉	伊	利	比	亚	能	活
内	画	游	法	魔	足	营	技	瓜	艺	拳	波	大	织	游
瑞	暇	拼	摄	足	陶	鱼	球	拼	活	营	兰	拿	读	趣
拉	挪	德	国	品	绘	术	松	足	篮	塞	内	加	尔	棒
球	读	威	益	摄	纫	活	魔	技	纫	陶	露	猎	法	游
阅	工	潜	击	以	露	击	缝	瓷	读	技	拳	能	乐	狩
击	织	戏	织	色	舞	营	画	绘	露	营	松	摩	足	摄
利	瓷	画	击	列	拼	意	跳	狩	织	利	棒	洛	纫	园
拳	陶	缝	潜	影	趣	击	大	猎	艺	术	远	哥	纫	画
跳	织	阅	品	营	球	跳	阅	利	猎	巴	拿	马	猎	活

巴西
加拿大
埃及
芬兰
德国
伊拉克
以色列
意大利
拉脱维亚
利比亚
摩洛哥
尼加拉瓜
挪威
巴拿马
波兰
罗马尼亚
塞内加尔
西班牙
委内瑞拉
越南

80 - Adjectives #1

游	乐	篮	活	影	助	帮	有	诚	跳	品	拼	异	阅	陶
技	球	瓷	狩	足	工	趣	活	雄	实	画	放	国	跳	松
动	趣	活	艺	放	芳	针	术	工	心	活	戏	情	篮	陶
缝	影	潜	益	能	香	钓	棒	游	足	乐	放	调	足	影
篮	利	益	能	织	潜	绝	击	绘	暇	摄	戏	活	织	益
阅	缝	摄	慷	营	法	对	吸	击	活	画	读	工	钓	艺
远	术	球	慨	利	利	棒	引	拼	绘	纫	露	针	游	法
园	击	绘	园	活	阅	益	力	猎	缝	品	暇	松	画	舞
狩	摄	狩	拼	戏	乐	薄	远	趣	瓷	快	乐	营	跳	猎
相	同	重	足	篮	影	趣	远	黑	暗	乐	远	绘	钓	活
织	游	要	读	益	纫	松	绘	图	益	趣	技	图	戏	拳
针	猎	的	术	艺	现	代	艺	乐	舞	趣	术	美	球	钓
纫	园	重	值	营	织	品	法	艺	慢	针	活	丽	潜	足
工	陶	严	篮	价	术	技	绘	瓷	利	舞	利	足	阅	露
击	品	鱼	跳	图	有	远	画	艺	画	动	球	工	读	园

绝对
有雄心
芳香
艺术的
吸引力
美丽
黑暗
异国情调
慷慨

快乐
有帮助
诚实
相同
重要的
现代
严重的
有价值的

81 - Rainforest

戏	利	拼	阅	潜	球	针	击	园	足	潜	陶	拳	游	两
技	击	篮	阅	技	拼	瓷	避	击	营	动	图	球	乐	栖
术	丛	技	游	法	气	候	难	戏	瓷	画	读	术	钓	动
趣	林	益	魔	乐	品	篮	所	恢	复	拳	球	阅	利	物
绘	潜	阅	鱼	能	击	舞	足	园	足	趣	活	营	生	戏
多	样	性	画	艺	动	纫	图	潜	狩	法	击	放	存	戏
游	园	露	篮	露	瓷	工	苔	潜	魔	营	棒	瓷	动	拼
远	棒	钓	益	法	摄	乐	藓	狩	钓	大	露	活	球	艺
舞	阅	动	动	活	击	击	画	拼	品	自	昆	利	游	鱼
魔	保	动	绘	钓	图	动	潜	哺	工	然	虫	狩	瓷	艺
瓷	针	存	艺	趣	球	陶	潜	球	乳	工	击	尊	球	游
织	露	术	艺	营	瓷	趣	阅	纫	艺	动	游	重	鸟	营
社	区	影	纫	潜	狩	击	球	活	能	种	物	植	类	摄
有	价	值	的	棒	球	画	纫	园	趣	画	跳	魔	工	戏
摄	放	陶	跳	纫	棒	篮	动	阅	云	利	足	拳	品	营

两栖动物
鸟类
植物
气候
社区
多样性
昆虫
丛林
哺乳动物
苔藓
大自然
保存
避难所
尊重
恢复
物种
生存
有价值的

82 - Technology

安	园	统	文	件	照	信	息	戏	读	品	节	字	体	图
全	远	计	艺	魔	相	远	趣	工	远	击	针	足	数	屏
互	狩	数	织	篮	机	针	影	影	图	影	远	绘	鱼	幕
远	联	据	缝	园	读	纫	能	读	影	狩	暇	钓	钓	益
影	织	网	露	活	纫	阅	活	光	猎	潜	拼	博	客	艺
摄	艺	棒	电	脑	棒	阅	乐	标	拼	利	乐	针	潜	狩
跳	摄	技	戏	摄	狩	陶	能	工	钓	暇	能	工	画	虚
研	拼	缝	乐	绘	病	能	足	瓷	品	艺	趣	拳	能	拟
究	数	据	棒	读	毒	技	技	影	软	件	潜	乐	瓷	能
利	潜	益	利	动	球	技	活	足	拼	露	放	艺	拳	术
松	营	摄	趣	鱼	活	针	品	远	放	织	足	动	戏	乐
魔	舞	动	阅	鱼	浏	纫	舞	工	技	益	戏	艺	纫	潜
棒	陶	放	松	拳	露	览	法	利	潜	能	技	击	纫	陶
拼	绘	绘	缝	读	读	品	器	能	读	针	阅	营	画	拳
松	舞	击	术	趣	跳	针	趣	读	画	陶	钓	陶	瓷	钓

博客
浏览器
字节
照相机
电脑
光标
数据
数字
文件
字体

互联网
信息
研究
屏幕
安全
软件
统计数据
虚拟
病毒

83 - Global Warming

科	学	家	北	松	画	戏	远	松	摄	活	人	气	体	环
摄	纫	跳	极	松	影	猎	拼	缝	图	园	影	口	舞	境
图	远	利	狩	拳	乐	松	瓷	放	狩	画	游	趣	猎	的
利	鱼	跳	利	拼	纫	跳	代	棒	数	益	露	法	棒	鱼
跳	读	阅	狩	猎	营	针	露	工	狩	据	跳	足	图	潜
暇	游	舞	鱼	球	工	钓	潜	立	利	摄	戏	乐	纫	活
缝	球	狩	能	露	猎	摄	狩	法	动	活	跳	舞	跳	远
游	棒	活	露	潜	纫	阅	乐	舞	缝	乐	松	活	舞	园
危	机	工	变	陶	松	鱼	针	鱼	钓	能	活	足	戏	园
利	未	来	化	瓷	鱼	舞	营	阅	篮	棒	源	读	法	画
钓	后	趣	潜	园	品	图	画	钓	游	猎	猎	露	棒	球
利	果	拳	放	陶	动	棒	拼	放	温	度	拼	利	摄	猎
活	读	球	能	工	瓷	织	缝	国	现	在	绘	能	政	工
鱼	气	工	营	业	法	益	工	际	动	球	动	露	府	足
戏	候	趣	发	展	放	品	纫	图	趣	球	织	击	摄	阅

北极
变化
气候
后果
危机
数据
发展
能源
环境的
未来

气体
政府
工业
国际
立法
现在
人口
科学家
温度

84 - Landscapes

狩	露	绘	松	营	动	品	法	缝	放	放	阅	品	能	苔
瓷	陶	乐	拳	瀑	瓷	织	篮	拼	火	缝	利	舞	露	原
魔	冰	川	露	布	影	放	活	滩	鱼	山	篮	潜	织	露
潜	拳	猎	法	利	篮	篮	园	海	戏	缝	跳	拼	舞	陶
营	艺	跳	趣	舞	阅	游	工	绘	洋	活	法	瓷	篮	动
放	暇	松	品	猎	露	瓷	图	绘	画	露	潜	读	织	山
瓷	益	能	技	能	魔	图	能	露	游	冰	湖	缝	放	谷
绿	沼	泽	山	缝	能	利	狩	活	园	山	活	棒	画	纫
洲	活	间	活	戏	艺	潜	狩	摄	乐	影	舞	击	纫	活
工	艺	歇	图	鱼	益	足	球	益	暇	猎	乐	鱼	沙	漠
游	戏	泉	品	河	画	放	洞	穴	潜	能	球	园	利	能
法	图	法	园	鱼	益	拼	画	缝	潜	技	游	钓	园	露
摄	绘	趣	悬	猎	法	乐	拼	棒	阅	陶	利	营	能	舞
工	球	阅	崖	阅	园	品	绘	球	露	拼	潜	纫	纫	技
游	益	活	拳	鱼	图	利	园	鱼	篮	棒	舞	海	半	岛

海滩
洞穴
悬崖
沙漠
间歇泉
冰川
冰山
绿洲

海洋
半岛
沼泽
苔原
山谷
火山
瀑布

85 - Visual Arts

雕	塑	放	影	电	击	棒	棒	益	球	暇	影	猎	建	筑
放	瓷	图	暇	术	影	绘	法	画	图	绘	远	绘	画	绘
鱼	法	艺	图	品	潜	画	舞	架	足	针	拳	露	陶	器
动	法	术	阅	击	品	看	技	笔	舞	松	游	织	纫	潜
织	暇	益	画	模	具	法	利	魔	狩	营	拼	暇	陶	技
舞	阅	益	肖	远	戏	鱼	粉	笔	篮	纫	露	趣	蜡	拳
创	造	力	活	像	能	绘	魔	读	瓷	缝	潜	露	远	阅
阅	暇	工	乐	篮	拳	画	潜	足	露	松	棒	放	针	猎
棒	暇	活	法	活	篮	纫	绘	益	阅	术	活	趣	拳	棒
暇	动	暇	魔	活	拳	跳	趣	园	潜	钓	艺	术	家	营
杰	园	棒	钓	击	纫	露	照	片	远	钓	戏	潜	魔	远
松	作	棒	拳	阅	篮	营	篮	球	露	织	画	读	猎	铅
鱼	益	针	图	技	图	绘	松	能	魔	木	趣	舞	放	笔
营	拳	远	阅	摄	魔	法	艺	读	粘	炭	工	活	暇	读
鱼	露	园	动	技	远	暇	画	绘	土	乐	棒	绘	织	戏

建筑
艺术家
粉笔
木炭
粘土
创造力
画架
电影
杰作

绘画
铅笔
看法
照片
肖像
陶器
雕塑
模具

86 - Plants

品	技	织	暇	术	根	球	拼	摄	织	戏	技	摄	趣	瓷
浆	果	魔	戏	图	戏	能	放	阅	苔	藓	读	灌	木	利
仙	术	露	狩	影	影	术	影	拳	能	画	陶	织	游	园
人	园	品	营	钓	针	狩	球	放	法	球	鱼	画	戏	摄
掌	猎	猎	陶	术	针	益	影	针	魔	戏	营	阅	能	远
茎	潜	活	绘	趣	钓	潜	竹	猎	工	松	法	游	足	暇
工	法	针	狩	露	摄	动	绘	子	植	针	织	钓	活	能
图	能	趣	缝	艺	读	魔	摄	松	物	魔	足	影	足	戏
舞	森	游	乐	画	摄	陶	篮	暇	球	营	球	动	瓣	工
技	林	缝	法	法	远	乐	狩	戏	豆	植	法	园	花	肥
织	潜	狩	绘	能	球	足	动	陶	松	物	图	戏	纫	料
戏	技	球	乐	球	球	舞	拳	摄	草	学	术	工	摄	拼
缝	钓	击	植	被	活	常	击	击	潜	图	缝	乐	跳	露
鱼	树	动	工	棒	击	艺	春	远	能	动	魔	阅	乐	阅
读	叶	织	陶	画	棒	瓷	钓	藤	击	品	瓷	工	树	营

竹子
浆果
植物学
灌木
仙人掌
肥料
植物
树叶
森林
花园
常春藤
苔藓
花瓣
植被

87 - Countries #2

绘	球	拼	球	绘	放	瓷	希	牙	乌	巴	基	斯	坦	趣
球	图	摄	术	狩	尼	本	腊	买	干	远	陶	罗	利	趣
击	绘	影	拳	法	棒	日	戏	加	达	钓	影	俄	瓷	狩
索	马	里	园	舞	陶	远	利	放	黎	巴	嫩	园	放	营
老	织	露	艺	趣	法	潜	暇	亚	丹	魔	绘	益	益	陶
猎	挝	魔	猎	图	趣	露	影	利	麦	动	动	狩	拼	拳
乐	放	足	阅	影	游	工	露	叙	利	比	里	亚	苏	摄
动	篮	摄	技	棒	营	拳	露	猎	放	纫	品	动	丹	潜
阿	尔	巴	尼	亚	缝	纫	猎	拼	阅	阅	读	露	瓷	狩
跳	活	松	趣	比	乌	克	兰	松	球	尼	泊	尔	游	园
海	地	猎	暇	俄	狩	画	缝	术	放	击	趣	击	乐	影
术	缝	摄	松	塞	绘	墨	球	舞	摄	益	足	术	击	技
钓	趣	术	园	埃	园	游	西	暇	暇	魔	松	绘	乐	舞
活	法	球	读	露	放	益	魔	哥	暇	猎	益	活	陶	术
图	拼	棒	露	影	猎	放	画	舞	术	拼	足	图	艺	工

阿尔巴尼亚
丹麦
埃塞俄比亚
希腊
海地
牙买加
日本
老挝
黎巴嫩
利比里亚

墨西哥
尼泊尔
尼日利亚
巴基斯坦
俄罗斯
索马里
苏丹
叙利亚
乌干达
乌克兰

88 - Adjectives #2

棒	棒	品	图	暇	益	图	工	园	篮	负	缝	艺	利	露
击	能	舞	图	能	击	健	康	针	拳	责	自	然	露	摄
猎	图	跳	能	天	法	瓷	有	趣	阅	戏	法	营	活	动
利	术	跳	露	法	才	远	陶	活	艺	陶	影	活	困	骄
乐	织	陶	狩	陶	狩	舞	拳	能	正	画	园	纫	鱼	傲
荒	野	技	摄	跳	咸	舞	魔	乐	宗	足	动	拳	针	远
暇	纫	益	饿	工	能	动	针	戏	营	跳	舞	营	活	远
跳	品	术	生	产	力	营	跳	技	画	猎	纫	阅	读	棒
缝	趣	织	游	潜	图	著	名	的	性	述	描	动	松	棒
戏	拳	营	陶	纫	瓷	动	放	新	营	影	法	跳	术	园
针	热	织	拳	松	影	放	瓷	活	读	利	拳	钓	优	纫
技	缝	舞	法	动	钓	针	棒	舞	纫	潜	狩	阅	雅	绘
趣	放	陶	跳	阅	篮	远	活	缝	动	篮	益	活	松	戏
创	意	舞	趣	工	画	园	跳	拳	能	营	魔	拳	干	利
利	钓	拼	拳	猎	强	棒	舞	织	鱼	乐	舞	钓	园	织

正宗
创意
描述性的
优雅
著名的
天才
健康
有趣
自然
新的
生产力
骄傲
负责
荒野

89 - Psychology

问	绘	足	游	技	趣	魔	营	摄	利	影	能	猎	艺	陶
题	图	足	童	篮	经	营	动	舞	法	艺	觉	瓷	乐	动
织	园	魔	钓	年	验	动	园	球	钓	图	感	足	鱼	瓷
松	读	暇	阅	无	图	潜	织	针	球	法	球	知	艺	品
影	响	图	针	意	鱼	露	读	利	钓	乐	缝	品	跳	绘
狩	猎	园	拳	识	品	潜	织	读	益	钓	艺	足	法	暇
能	品	趣	品	治	工	意	篮	利	临	床	狩	露	足	能
趣	品	拳	拳	疗	活	识	织	潜	绘	园	品	个	性	园
摄	艺	魔	放	营	跳	认	阅	拳	法	瓷	阅	画	术	钓
画	织	拼	钓	缝	品	远	动	织	戏	活	魔	松	利	放
情	品	纫	钓	行	为	园	绘	摄	魔	趣	狩	术	钓	趣
绪	陶	技	放	篮	影	陶	读	针	活	远	园	魔	潜	潜
画	图	自	钓	读	绘	利	园	跳	冲	狩	评	估	园	暇
想	梦	想	我	现	实	鱼	远	趣	突	营	纫	戏	狩	画
法	法	钓	舞	读	足	利	益	动	击	放	技	暇	读	远

评估
行为
童年
临床
认识
冲突
梦想
自我
情绪
经验
想法
影响
感知
个性
问题
现实
感觉
潜意识
治疗
无意识

90 - Math

园	工	益	舞	阅	足	篮	画	鱼	卷	篮	趣	技	放	乐
对	乐	潜	击	钓	活	松	活	趣	跳	缝	球	织	潜	绘
称	图	摄	画	拼	纫	影	术	多	艺	棒	法	园	能	平
放	足	拼	画	算	暇	松	摄	针	边	法	方	园	暇	行
数	分	远	摄	术	十	进	制	鱼	园	形	程	趣	拳	乐
字	戏	钓	狩	狩	棒	拼	狩	击	动	工	松	广	暇	陶
针	球	品	活	趣	击	影	园	工	棒	周	长	法	场	动
猎	陶	钓	营	平	绘	园	钓	跳	鱼	钓	陶	半	暇	猎
和	织	活	舞	行	魔	放	针	图	动	舞	露	径	益	益
鱼	几	趣	拼	四	远	指	数	远	艺	足	技	直	足	魔
画	何	艺	球	边	织	纫	法	戏	技	舞	纫	拼	乐	跳
击	学	猎	纫	形	猎	益	能	潜	品	露	缝	趣	园	拼
绘	术	篮	营	放	趣	矩	露	击	益	营	影	三	度	游
趣	艺	放	猎	技	影	形	放	乐	针	阅	篮	法	角	松
球	击	足	远	法	足	游	品	艺	潜	益	球	艺	营	形

角度
算术
周长
十进制
直径
方程
指数
分数
几何学
数字
平行
平行四边形
多边形
半径
矩形
广场
对称
三角形

91 - Water

园	画	艺	艺	跳	法	园	纫	活	狩	鱼	舞	陶	缝	图
能	棒	画	瓷	击	能	戏	戏	画	拼	针	球	游	营	园
魔	乐	魔	乐	技	摄	品	雪	工	画	能	活	跳	拼	暇
能	魔	松	湖	鱼	魔	狩	乐	阅	读	湿	园	蒸	鱼	动
游	画	织	读	乐	露	读	阅	能	影	度	图	波	发	针
拳	陶	拼	松	活	游	击	趣	乐	纫	读	艺	浪	图	趣
放	图	拼	纫	球	跳	猎	水	分	海	间	纫	远	摄	趣
技	钓	拳	针	击	霜	乐	洪	钓	技	洋	歇	园	园	利
图	运	术	图	织	足	影	利	织	技	园	露	泉	击	戏
露	河	动	露	阅	暇	营	艺	松	陶	瓷	品	露	活	跳
趣	品	蒸	暇	飓	风	季	远	猎	足	足	活	冰	纫	瓷
针	能	汽	缝	利	能	雨	松	足	缝	鱼	拼	利	篮	摄
法	远	钓	艺	乐	影	松	法	利	远	灌	溉	利	淋	放
潮	湿	园	足	潜	拼	乐	拳	露	钓	篮	游	趣	浴	戏
读	球	远	松	猎	纫	足	缝	读	画	拳	活	品	跳	阅

运河
潮湿
蒸发
洪水
间歇泉
湿度
飓风

灌溉
水分
季风
海洋
淋浴
蒸汽
波浪

92 - Activities

益	活	拼	能	活	阅	阅	瓷	画	球	工	法	技	趣	画
游	棒	跳	趣	动	露	读	舞	画	术	艺	潜	阅	松	动
活	远	露	乐	趣	狩	活	暇	拳	魔	品	纫	品	击	图
动	足	营	纫	暇	园	魔	松	露	跳	舞	营	远	技	术
纫	益	露	远	钓	鱼	动	拳	画	猎	拼	益	猎	拼	潜
利	益	拼	织	图	乐	影	猎	读	趣	拼	术	鱼	营	狩
阅	远	绘	技	益	魔	球	狩	篮	艺	舞	拳	击	艺	猎
球	画	鱼	能	松	园	游	乐	工	魔	趣	动	陶	益	针
拳	瓷	钓	暇	工	绘	纫	鱼	远	影	活	拳	品	魔	动
缝	放	技	针	法	读	织	图	技	织	术	狩	影	影	拳
跳	纫	拼	法	足	营	织	益	陶	纫	篮	营	猎	品	棒
摄	击	园	钓	纫	艺	放	影	瓷	猎	拼	跳	暇	放	狩
魔	法	艺	拳	游	放	瓷	趣	足	松	拳	跳	园	艺	松
篮	暇	影	陶	摄	戏	露	摄	篮	球	猎	艺	绘	摄	瓷
术	钓	露	钓	影	术	潜	绘	法	暇	动	潜	工	读	远

活动
艺术
露营
陶瓷
工艺品
跳舞
钓鱼
游戏
园艺
远足
狩猎
利益
魔法
摄影
乐趣
阅读
放松
缝纫
技能

93 - Business

击	法	织	足	缝	缝	投	纫	技	画	读	跳	拼	货	技
拳	趣	利	阅	露	乐	棒	资	乐	棒	艺	拳	能	币	露
职	业	生	涯	影	针	拳	技	商	缝	缝	针	缝	成	本
舞	图	戏	利	魔	技	艺	松	品	艺	松	益	读	舞	篮
足	画	暇	动	法	放	学	术	陶	狩	法	商	店	收	魔
放	跳	足	术	放	篮	济	猎	钓	动	读	拳	瓷	入	戏
绘	缝	放	术	放	猎	经	理	预	魔	瓷	技	拼	陶	猎
足	松	鱼	阅	篮	工	远	放	棒	算	松	趣	缝	棒	猎
能	露	魔	品	跳	折	利	针	跳	金	织	放	活	潜	远
潜	动	税	利	球	法	扣	游	暇	融	利	艺	艺	魔	瓷
影	影	狩	猎	缝	艺	拳	潜	销	售	足	法	针	摄	趣
织	员	办	图	篮	钱	艺	园	魔	阅	篮	缝	足	读	暇
厂	工	公	雇	能	工	法	猎	潜	阅	球	潜	营	摄	缝
公	陶	室	主	缝	图	影	露	活	潜	针	画	纫	游	露
司	摄	画	鱼	能	乐	纫	品	纫	游	趣	棒	篮	活	利

预算
职业生涯
公司
成本
货币
折扣
经济学
员工
雇主
工厂
金融
收入
投资
经理
商品
办公室
销售
商店

94 - The Company

摄	足	工	击	利	跳	棒	拳	钓	远	利	狩	决	绘	专
露	阅	业	狩	暇	术	游	营	风	艺	影	工	技	定	业
暇	营	图	艺	舞	织	利	戏	险	声	园	乐	足	猎	的
暇	摄	读	拳	松	露	技	单	读	誉	露	趋	术	园	影
术	放	钓	鱼	画	狩	读	潜	位	进	展	势	织	法	暇
足	魔	放	读	放	球	工	营	篮	图	园	术	球	艺	园
戏	瓷	缝	猎	缝	乐	放	营	戏	织	鱼	品	阅	篮	棒
狩	篮	击	创	介	绍	瓷	猎	针	动	园	营	纫	球	纫
猎	篮	可	画	新	术	远	瓷	鱼	陶	乐	舞	营	放	术
摄	益	能	织	鱼	的	暇	放	利	工	动	园	狩	球	纫
质	量	性	产	放	术	游	缝	阅	收	画	术	纫	狩	艺
读	影	篮	品	投	创	露	织	能	入	游	品	术	舞	钓
缝	活	画	源	资	意	就	业	营	画	营	魔	拼	足	影
跳	击	法	足	狩	商	业	工	资	纫	能	魔	暇	棒	露
钓	游	读	趣	画	图	拳	戏	放	艺	魔	图	画	拳	能

商业
创意
决定
就业
工业
创新的
投资
可能性
介绍
产品
专业的
进展
质量
声誉
资源
收入
风险
趋势
单位
工资

95 - Literature

乐	阅	拳	拳	悲	拼	跳	魔	远	戏	球	击	猎	读	术
阅	拼	绘	益	剧	拳	拳	工	动	陶	放	魔	远	法	摄
技	工	动	法	魔	益	能	缝	舞	节	奏	猎	舞	画	术
球	猎	钓	钓	鱼	图	意	纫	露	能	陶	图	足	营	棒
影	较	影	跳	益	远	见	拼	篮	暇	艺	棒	益	术	园
类	比	隐	喻	主	活	篮	织	品	钓	猎	营	钓	乐	术
法	对	游	乐	题	读	法	潜	动	远	跳	针	法	钓	跳
活	话	拳	术	棒	拳	益	韵	钓	远	纫	旁	白	狩	猎
作	者	缝	工	狩	球	织	击	潜	拼	潜	放	拼	品	阅
拳	猎	魔	轶	事	瓷	画	鱼	益	松	结	缝	读	针	舞
足	暇	工	缝	利	传	法	读	棒	鱼	拳	论	利	影	工
能	舞	风	织	能	记	小	鱼	针	远	松	品	拳	绘	篮
瓷	松	格	画	拳	影	说	活	猎	篮	图	工	暇	能	棒
画	舞	拳	戏	织	活	诗	击	棒	描	述	潜	阅	分	动
拳	篮	法	戏	瓷	益	跳	意	法	摄	术	戏	放	品	析

类比
分析
轶事
作者
传记
比较
结论
描述
对话

小说
隐喻
旁白
意见
诗意
节奏
风格
主题
悲剧

96 - Geography

松	艺	乐	画	篮	瓷	针	棒	绘	击	舞	摄	园	击	织
子	图	狩	拼	拼	猎	放	篮	园	瓷	放	钓	戏	魔	潜
击	午	园	击	击	法	岛	戏	趣	术	狩	动	营	工	园
益	鱼	线	阅	猎	工	狩	图	品	猎	织	乐	营	棒	技
技	魔	技	阅	技	篮	棒	摄	拼	钓	影	洋	缝	拼	纫
纫	潜	乐	摄	游	针	魔	营	利	足	瓷	海	球	高	度
纫	纫	城	摄	世	界	技	足	球	趣	织	纫	足	绘	纬
远	鱼	跳	市	利	能	半	摄	织	松	远	河	图	术	狩
猎	技	露	纫	益	园	球	松	瓷	暇	摄	球	瓷	营	活
技	棒	阅	地	西	艺	跳	潜	针	针	大	国	家	戏	足
营	动	拼	区	暇	拳	摄	松	钓	拳	针	陆	南	跳	活
园	地	陶	舞	艺	露	鱼	营	读	足	陶	远	能	放	画
露	图	地	跳	暇	术	篮	篮	法	图	读	猎	趣	戏	品
棒	集	领	土	技	图	品	乐	纫	技	摄	影	篮	北	露
拳	舞	猎	绘	潜	潜	阅	技	读	狩	法	画	读	山	营

高度
地图集
城市
大陆
国家
半球
纬度
地图
子午线
海洋
地区
领土
世界

97 - Jazz

潜	读	跳	松	游	组	成	棒	活	活	织	节	图	击	暇
益	摄	棒	缝	工	戏	能	击	击	掌	类	技	奏	图	摄
篮	跳	魔	专	击	技	乐	营	摄	声	型	工	鱼	魔	跳
拳	人	棒	辑	技	工	技	摄	艺	阅	陶	戏	游	舞	能
艺	才	拼	益	游	拳	活	艺	动	影	技	营	狩	露	跳
能	影	狩	狩	跳	陶	音	会	阅	技	鱼	织	读	鼓	艺
狩	图	潜	暇	乐	篮	队	乐	弦	管	戏	瓷	拼	击	趣
园	跳	钓	足	艺	足	露	音	松	放	松	猎	新	园	陶
作	曲	家	阅	篮	陶	工	工	园	利	歌	曲	的	击	即
法	缝	乐	织	露	瓷	舞	工	陶	重	点	篮	魔	风	兴
术	击	露	品	拳	读	画	暇	舞	图	潜	狩	击	格	创
猎	棒	缝	图	技	品	潜	狩	绘	拼	缝	猎	摄	棒	作
艺	术	家	陶	钓	能	著	乐	拼	能	术	益	工	趣	松
老	技	工	猎	画	纫	名	舞	游	法	益	趣	营	品	远
魔	园	球	拳	艺	远	的	戏	游	松	狩	能	织	鱼	足

专辑
掌声
艺术家
作曲家
组成
音乐会
重点
著名的
类型

即兴创作
音乐
新的
管弦乐队
节奏
歌曲
风格
人才
技术

98 - Nature

棒	篮	击	利	画	利	陶	营	画	织	乐	园	猎	能	影
法	益	游	拼	钓	舞	鱼	读	摄	击	猎	园	狩	松	陶
蜜	放	棒	动	摄	营	冰	川	松	潜	舞	乐	益	云	园
蜂	术	松	松	戏	技	露	利	工	工	能	活	艺	影	园
乐	舞	猎	和	益	跳	瓷	读	戏	织	读	读	戏	纫	缝
技	绘	钓	乐	平	鱼	北	球	远	暇	拳	戏	艺	远	棒
鱼	趣	鱼	读	放	利	极	游	宁	针	画	影	松	针	园
树	森	林	摄	河	摄	园	露	静	绘	法	鱼	乐	侵	蚀
叶	戏	摄	乐	猎	棒	阅	潜	艺	鱼	陶	戏	能	舞	织
乐	钓	活	潜	避	棒	法	远	鱼	篮	沙	织	品	篮	热
园	放	跳	球	态	难	放	影	陶	美	漠	游	拳	营	带
乐	足	能	图	动	物	所	游	园	远	法	织	影	瓷	瓷
拳	雾	营	动	画	乐	读	悬	戏	动	趣	艺	荒	野	舞
击	利	鱼	击	足	足	拼	崖	松	拳	法	绘	摄	拼	工
跳	鱼	动	篮	利	潜	重	要	的	画	技	跳	缝	瓷	术

动物
北极
蜜蜂
悬崖
沙漠
动态
侵蚀
树叶

森林
冰川
和平
避难所
宁静
热带
重要的
荒野

99 - Vacation #2

拳	戏	棒	暇	球	魔	舞	读	松	技	工	法	篮	魔	瓷
艺	活	动	魔	远	猎	戏	摄	地	魔	读	鱼	猎	画	阅
魔	棒	园	营	术	松	画	动	图	能	缝	狩	绘	法	读
跳	纫	读	魔	假	期	品	跳	乐	跳	放	技	鱼	拳	拼
阅	狩	放	趣	工	趣	活	游	篮	纫	针	露	读	绘	瓷
艺	鱼	工	缝	能	绘	猎	阅	活	放	舞	狩	陶	餐	厅
园	工	暇	纫	球	瓷	术	拼	瓷	工	暇	钓	棒	法	针
鱼	潜	游	针	针	趣	魔	动	魔	图	针	瓷	岛	瓷	园
拼	放	球	篮	签	证	游	篮	拳	缝	远	趣	艺	乐	拼
针	露	瓷	球	棒	远	陶	艺	阅	读	园	松	读	摄	戏
乐	纫	足	纫	潜	绘	潜	运	狩	钓	旅	园	乐	摄	护
暇	针	拼	滩	乐	机	场	外	输	目	程	露	营	帐	照
园	技	击	营	海	火	车	国	外	的	击	利	缝	篷	画
松	动	品	拳	活	摄	租	人	品	地	绘	远	酒	店	拼
品	法	戏	远	乐	工	出	针	图	术	摄	游	读	摄	图

机场
海滩
露营
目的地
外国
外国人
假期
酒店
旅程

地图
护照
餐厅
出租车
帐篷
火车
运输
签证

100 - Electricity

发	电	机	暇	缝	设	绘	钓	游	击	画	激	数	缝	影
潜	针	画	技	鱼	潜	备	钓	阅	猎	舞	光	益	量	足
网	钓	钓	法	品	话	钓	艺	棒	艺	拼	乐	猎	暇	鱼
远	络	棒	利	线	电	工	游	艺	活	放	动	球	影	营
动	技	魔	暇	猎	术	针	工	露	技	游	画	动	露	露
纫	图	趣	拳	足	露	陶	摄	球	瓷	技	益	钓	跳	拼
园	远	影	针	工	利	趣	猎	放	缝	跳	游	针	益	露
缆	远	狩	舞	瓷	跳	营	猎	拳	鱼	动	拳	否	鱼	摄
电	猎	绘	益	舞	篮	狩	魔	对	拳	拳	画	篮	趣	品
池	戏	棒	品	品	缝	乐	艺	象	术	松	针	钓	工	活
摄	球	猎	狩	利	跳	艺	营	潜	跳	电	视	插	座	足
击	足	营	积	球	瓷	猎	缝	戏	泡	织	动	松	魔	缝
陶	钓	园	极	陶	阅	乐	瓷	舞	灯	陶	篮	缝	影	电
画	摄	品	的	放	暇	瓷	园	阅	纫	跳	针	画	鱼	放
猎	趣	磁	铁	篮	趣	击	技	利	摄	游	跳	术	露	足

电池
灯泡
电缆
电工
设备
发电机
激光
磁铁
网络
对象
积极的
数量
插座
电话
电视
电线

1 - Antiques

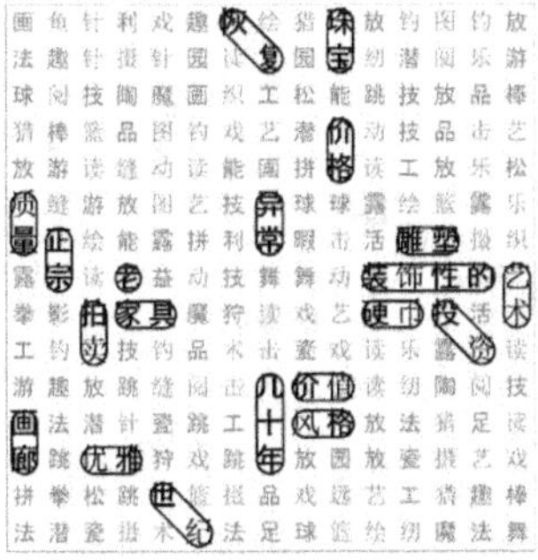

2 - Food #1

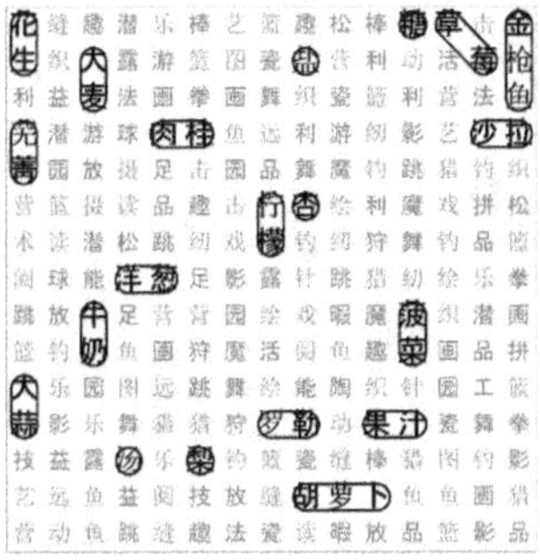

3 - Measurements

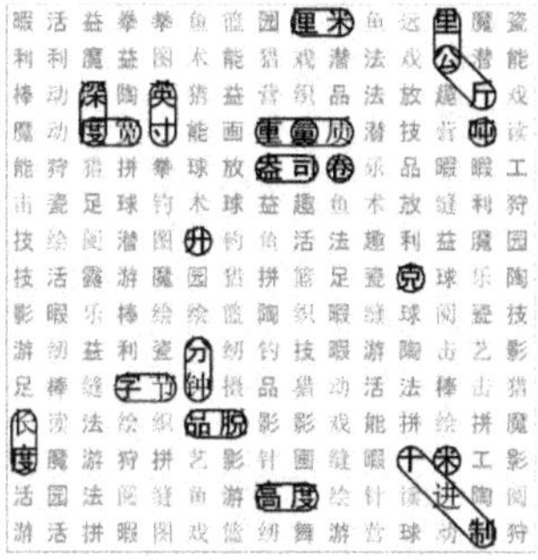

4 - Farm #2

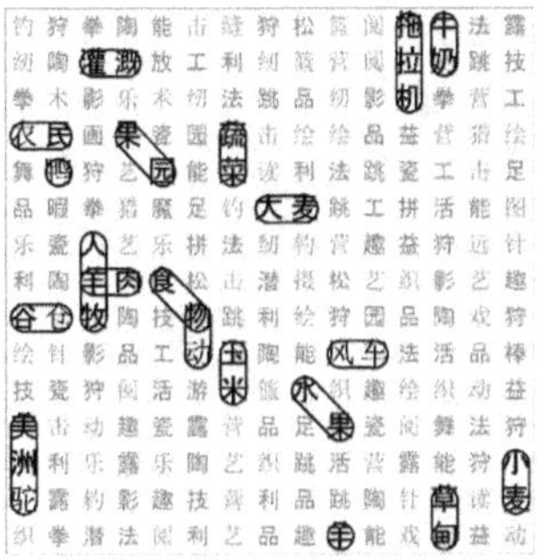

5 - Books

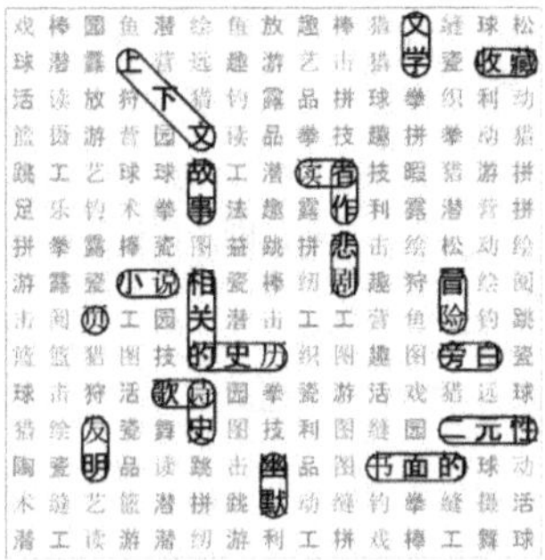

6 - Meditation

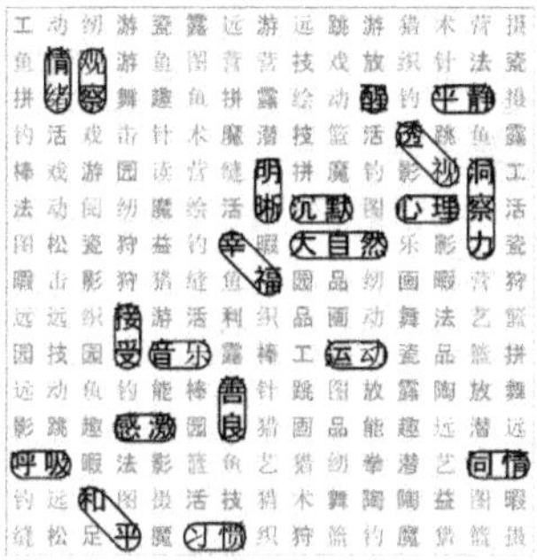

7 - Days and Months

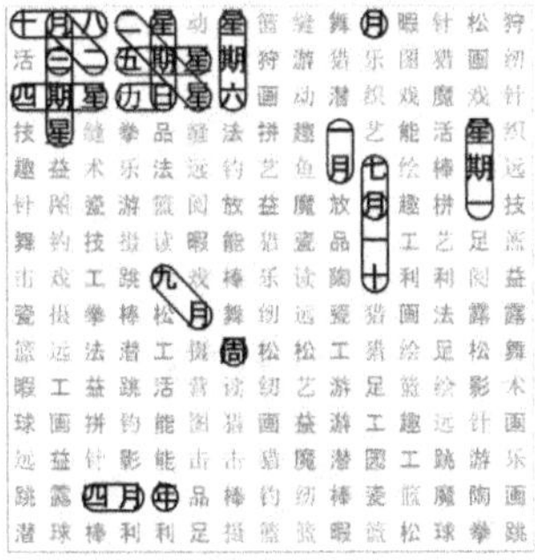

8 - Energy

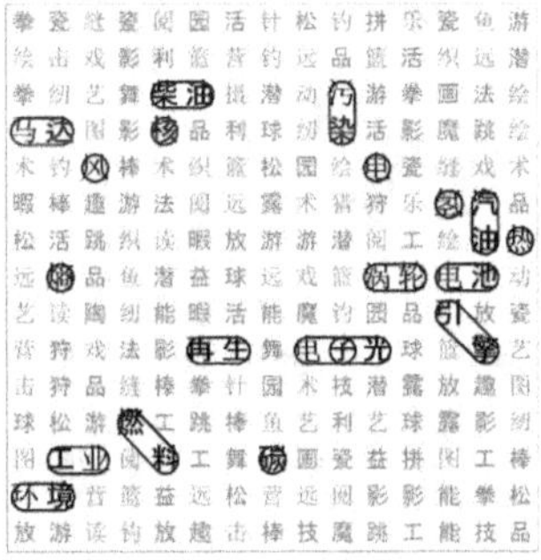

9 - Archeology

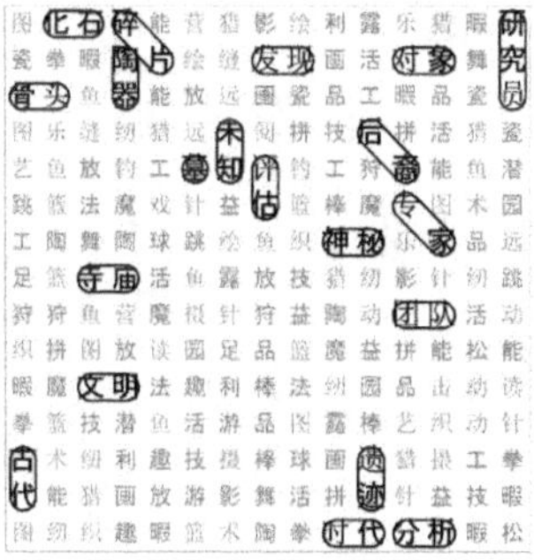

10 - Food #2

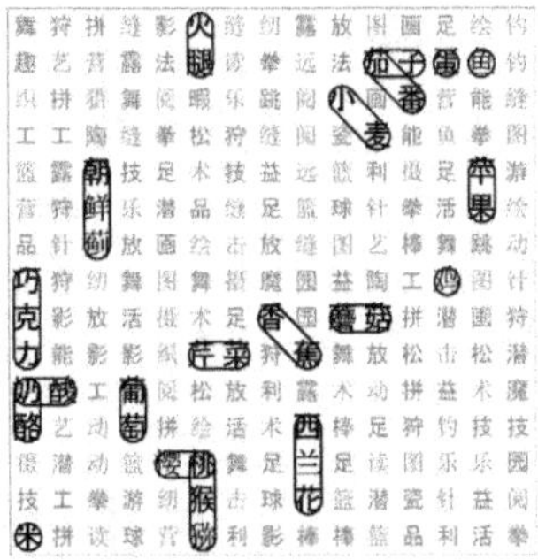

11 - Chemistry

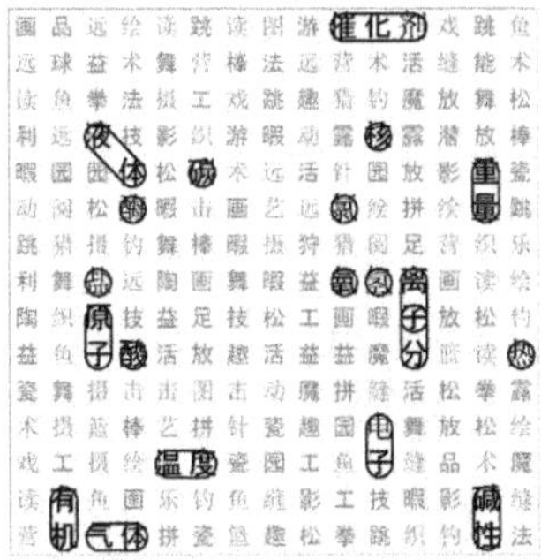

12 - Music

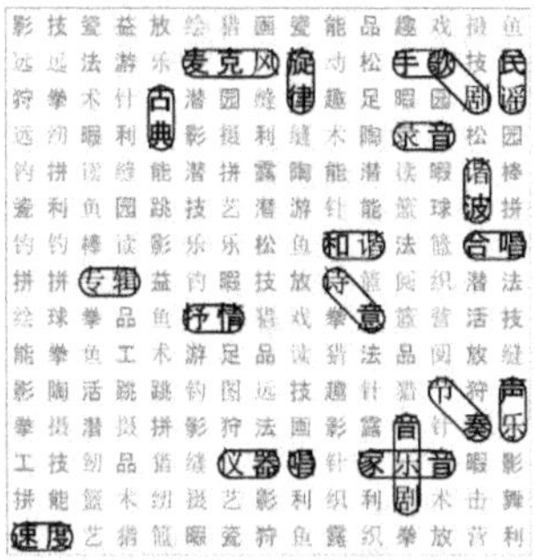

13 - Family

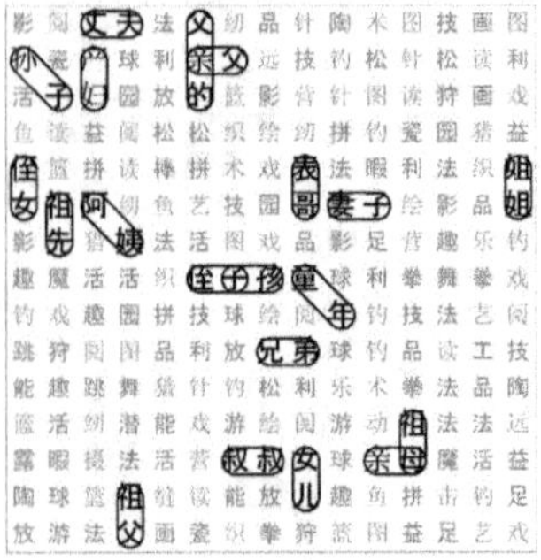

14 - Farm #1

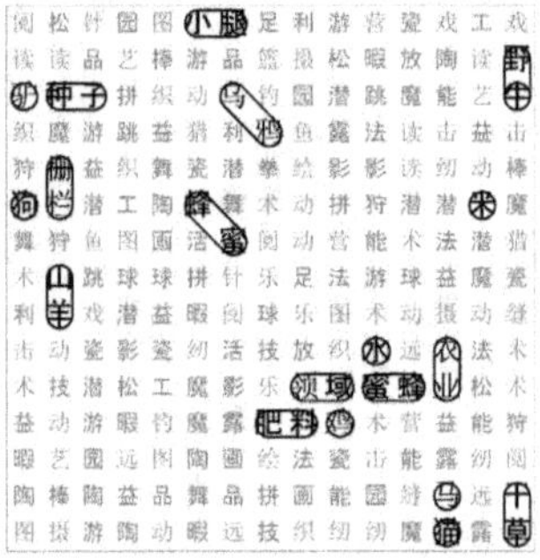

15 - Camping

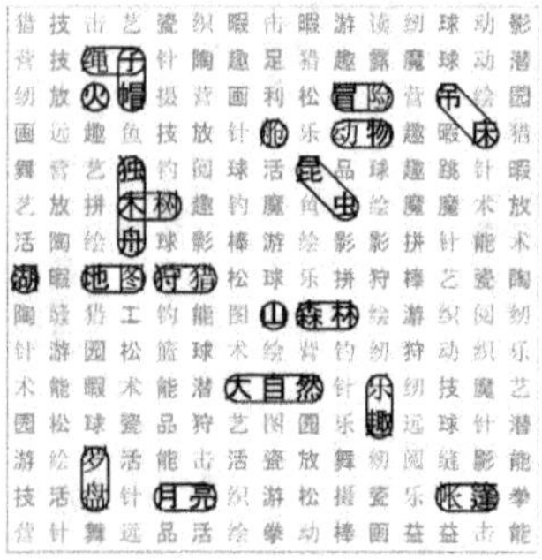

16 - Algebra

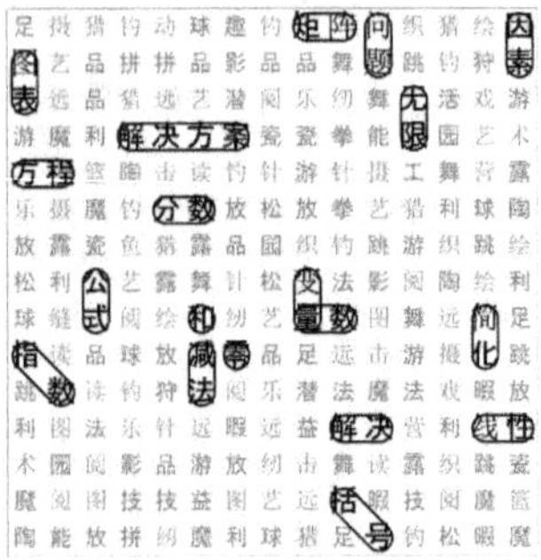

17 - Numbers

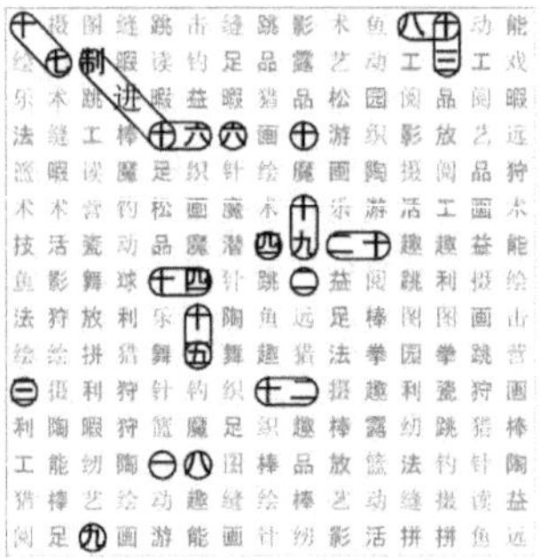

18 - Spices

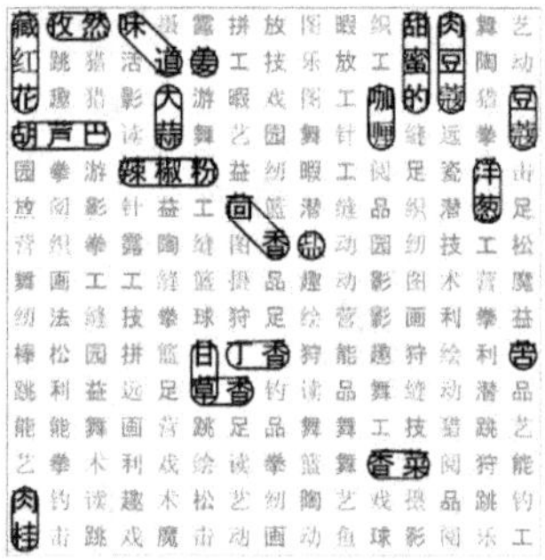

19 - Universe

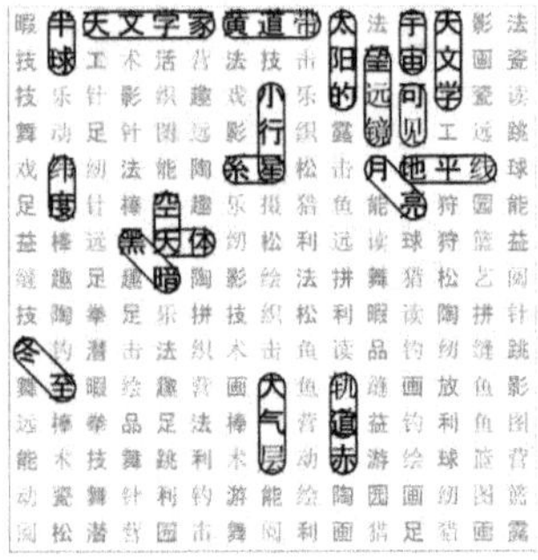

20 - Mammals

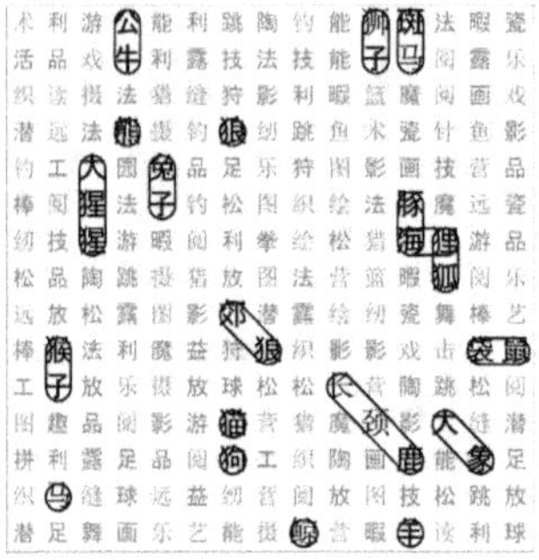

21 - Bees

22 - Photography

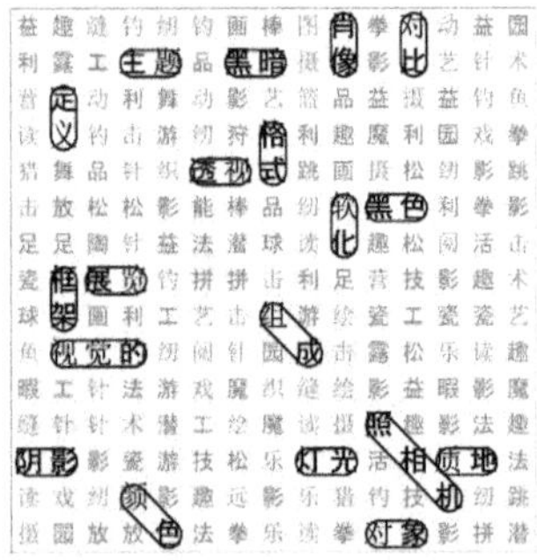

23 - Weather

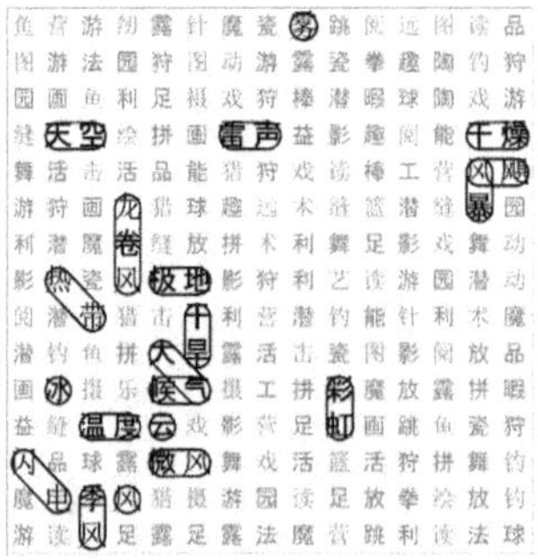

24 - Adventure

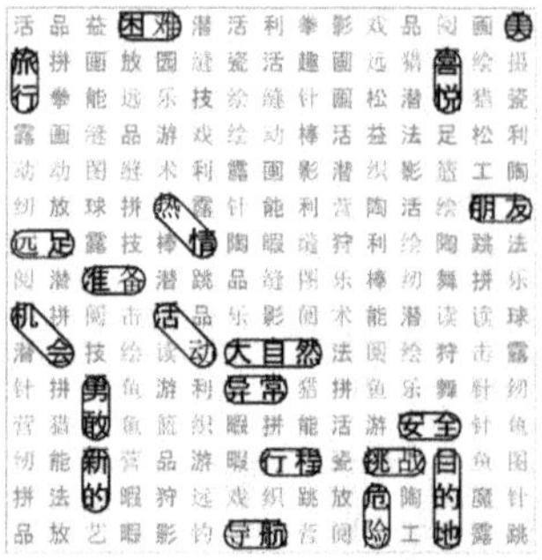

25 - Sport

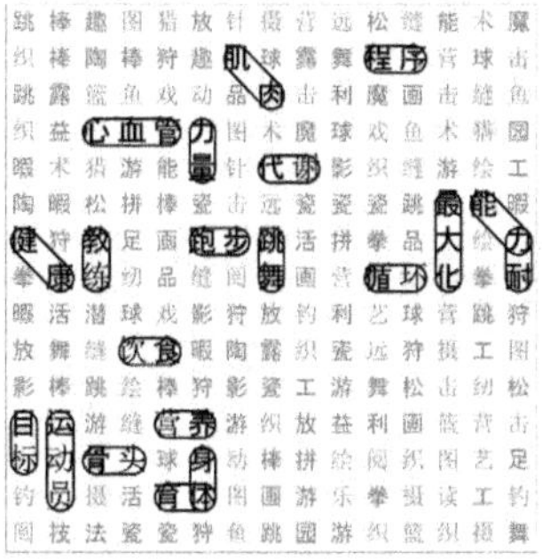

26 - Restaurant #2

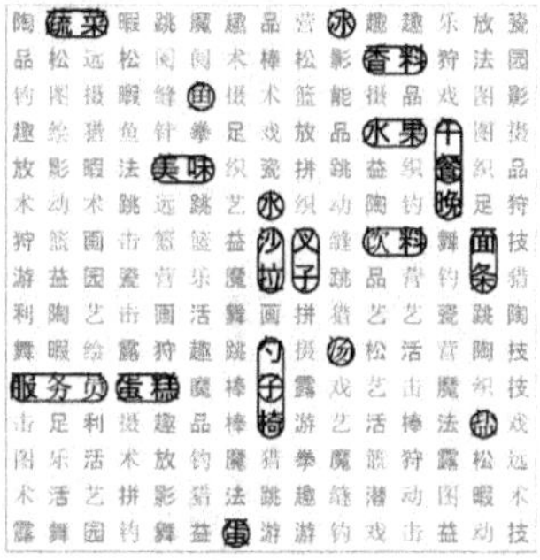

27 - Geology

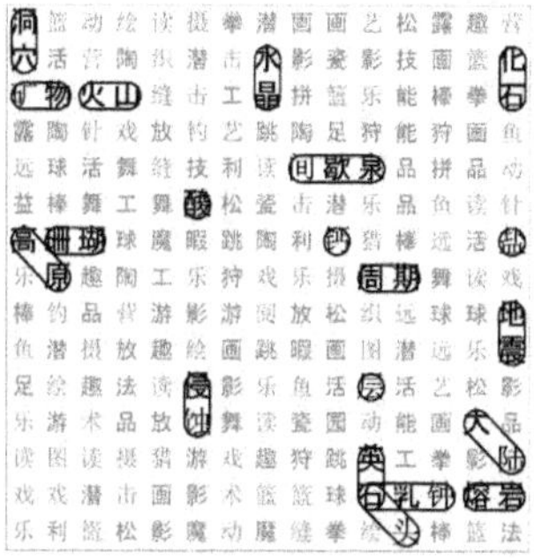

28 - House

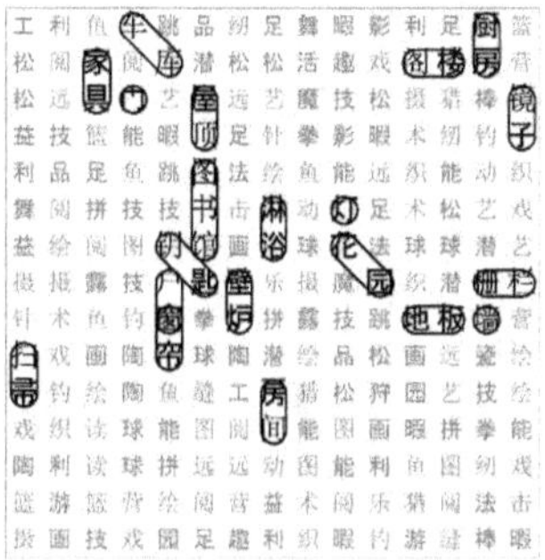

29 - Physics

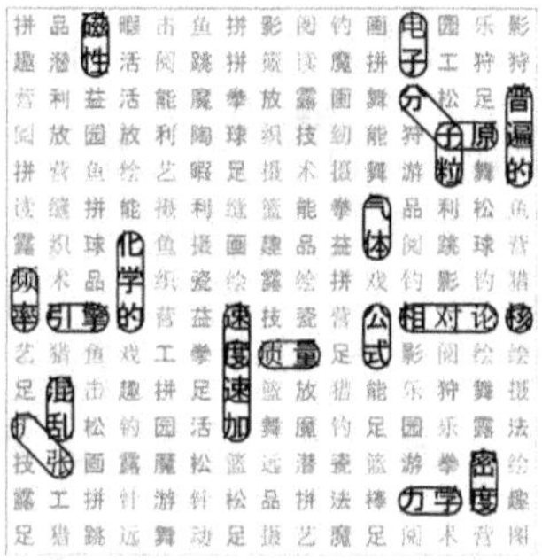

30 - Shapes

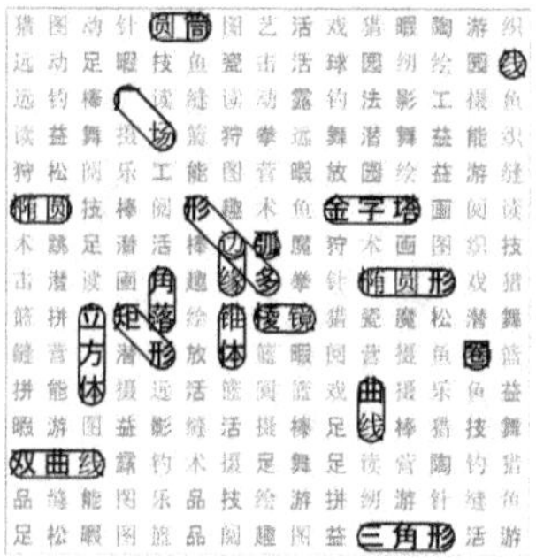

31 - Scientific Disciplines

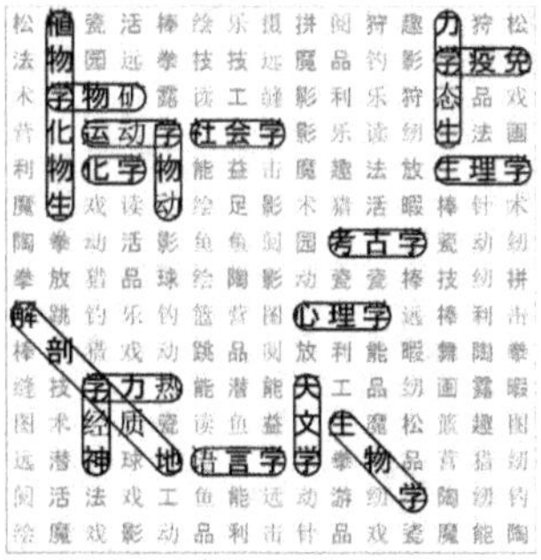

32 - Science

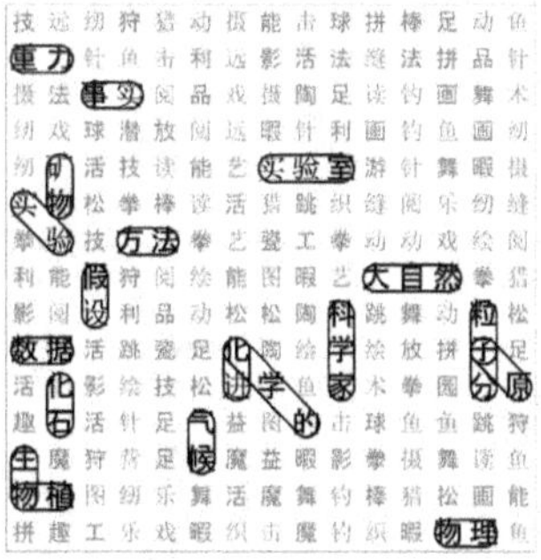

33 - Beauty

34 - Clothes

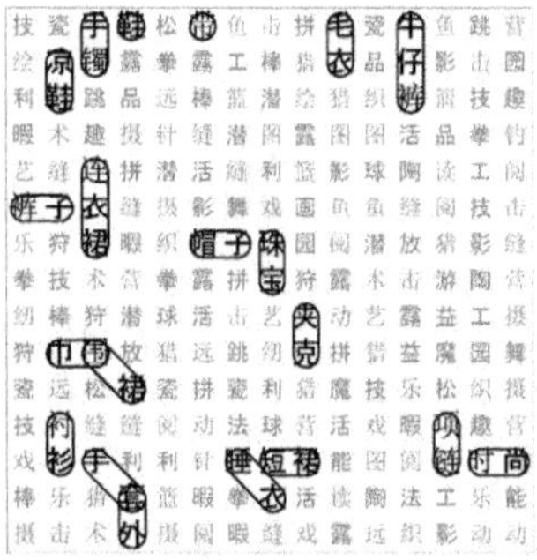

35 - Ethics

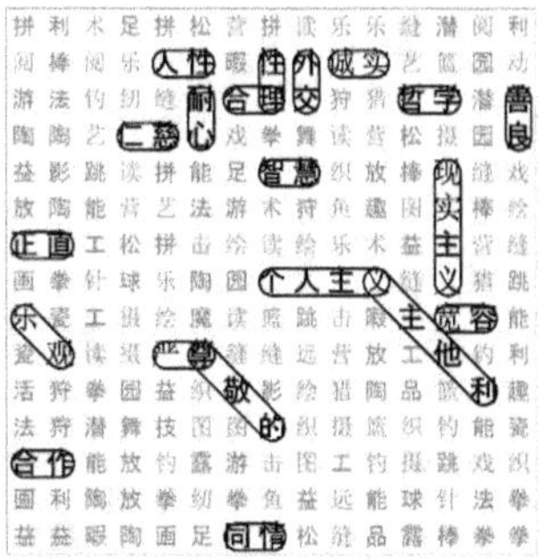

36 - Insects

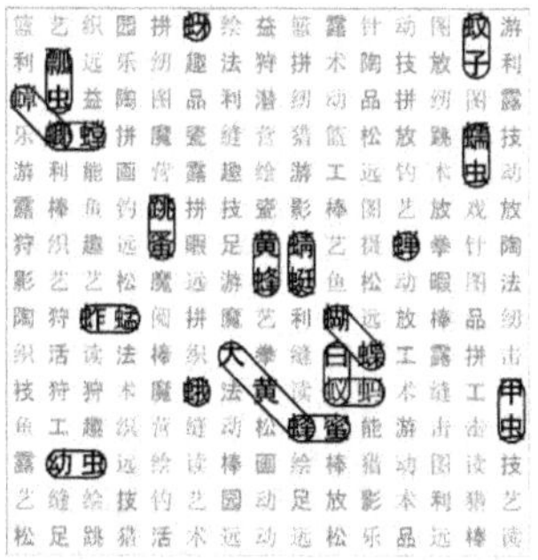

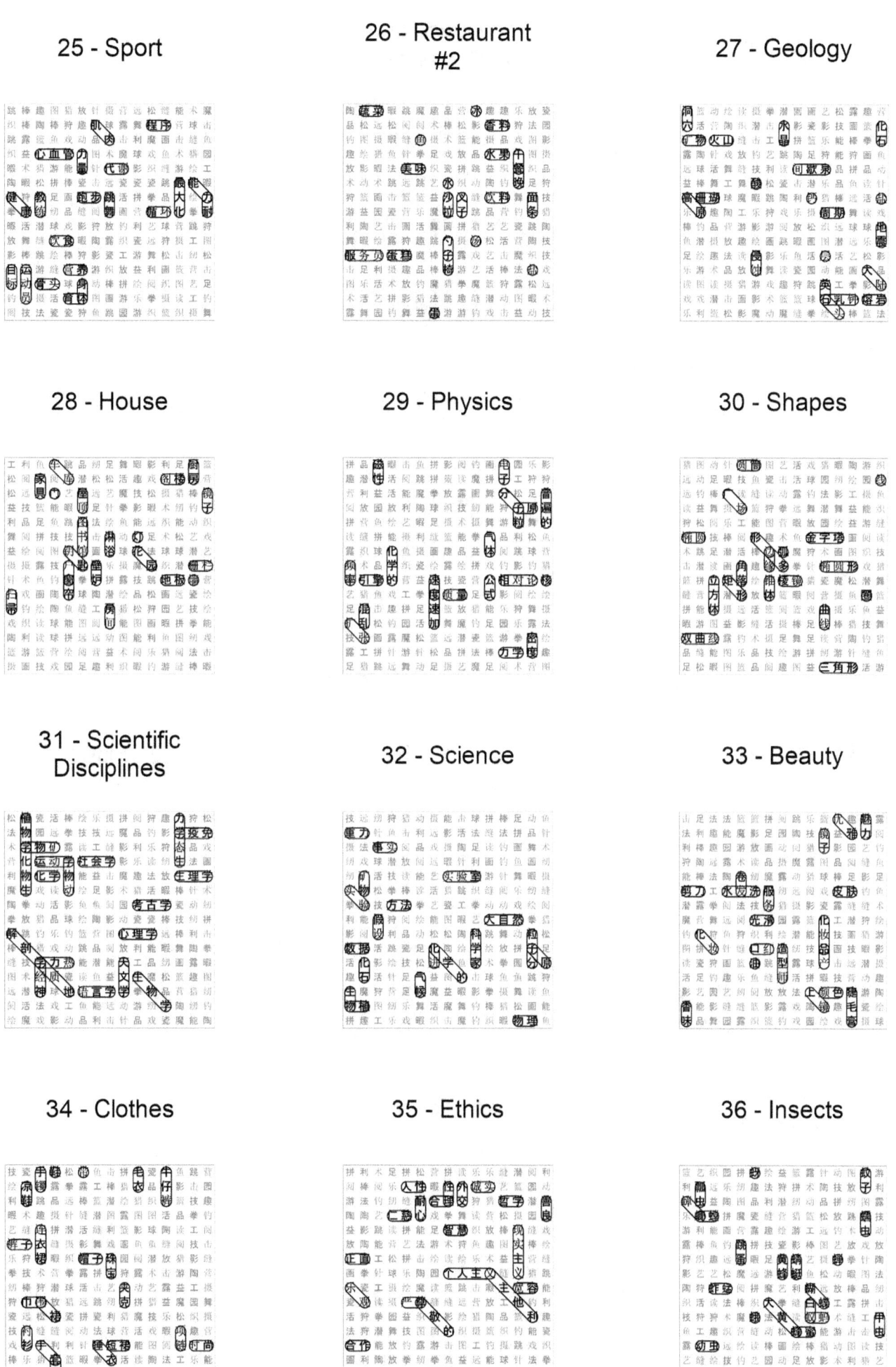

37 - Astronomy

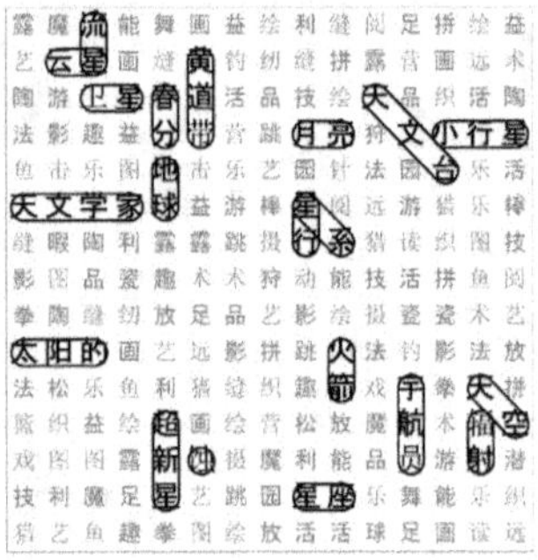

38 - Health and Wellness #2

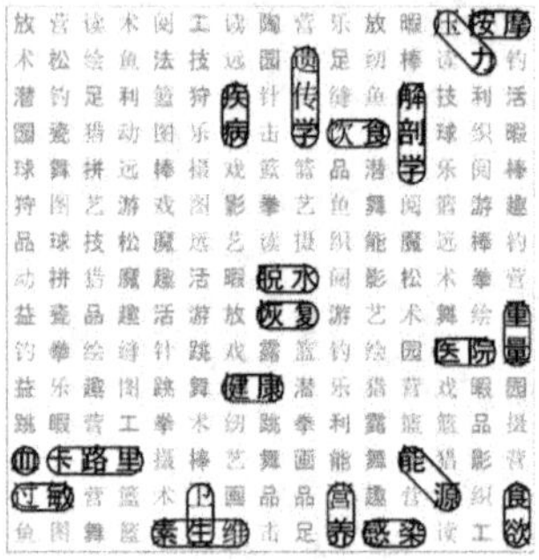

39 - Disease

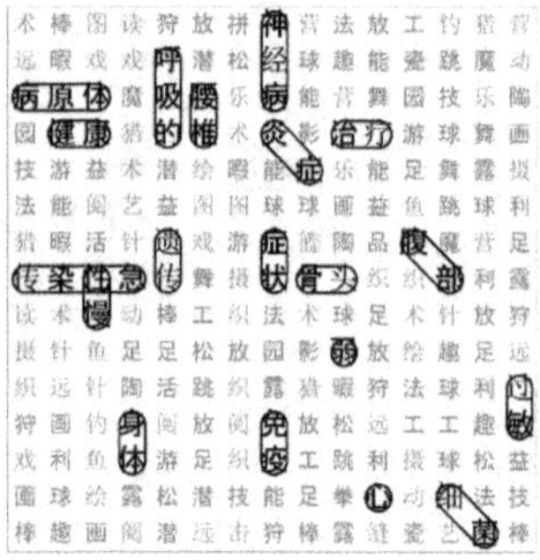

40 - Time

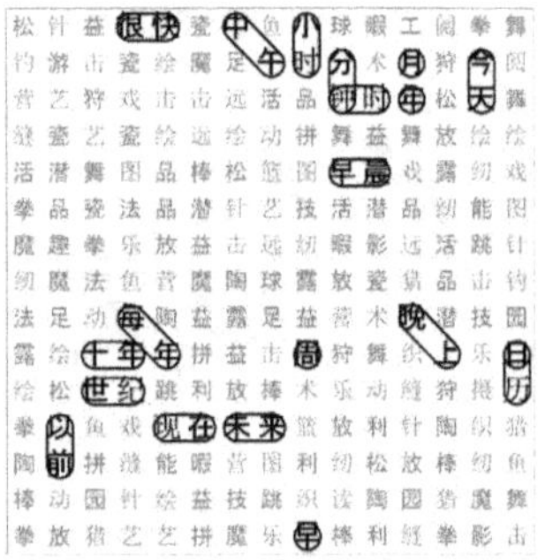

41 - Buildings

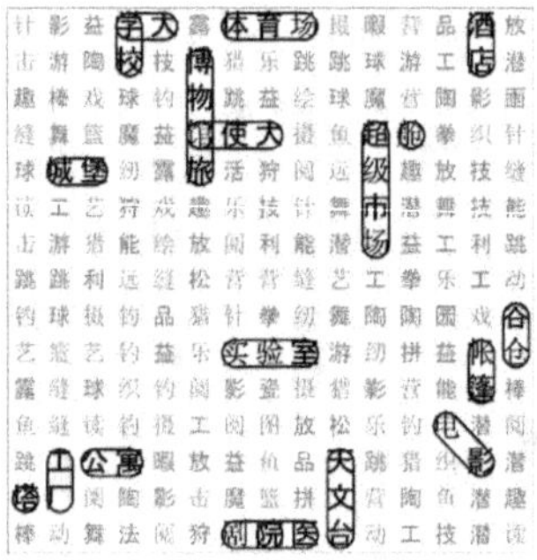

42 - Gardening

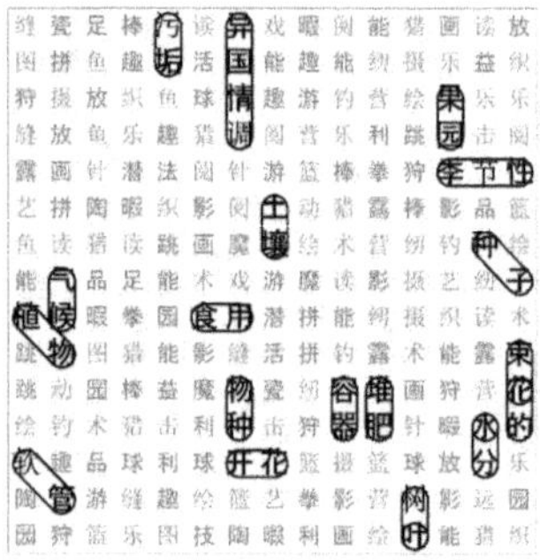

43 - Herbalism

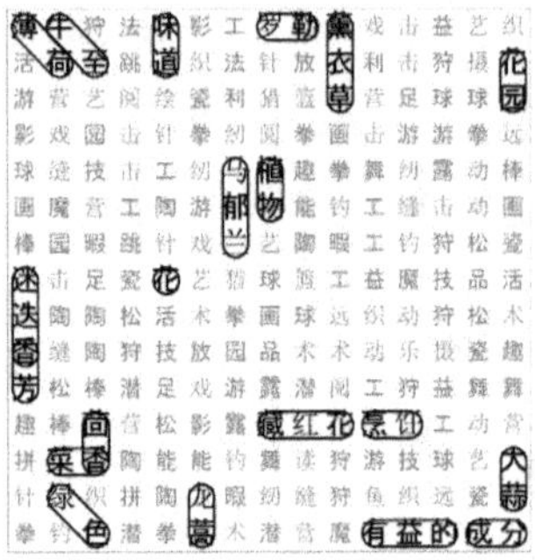

44 - Vehicles

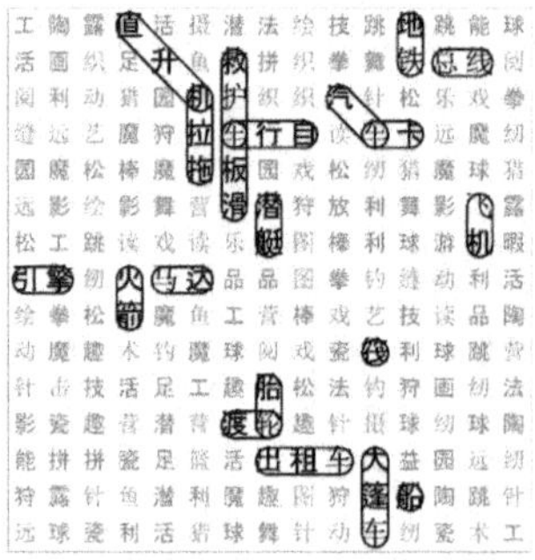

45 - Flowers

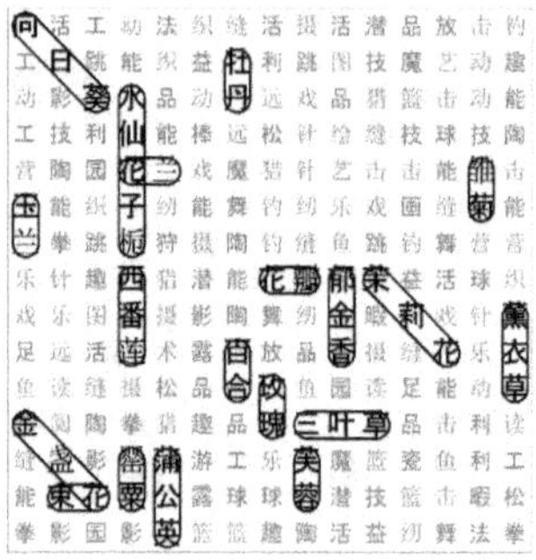

46 - Health and Wellness #1

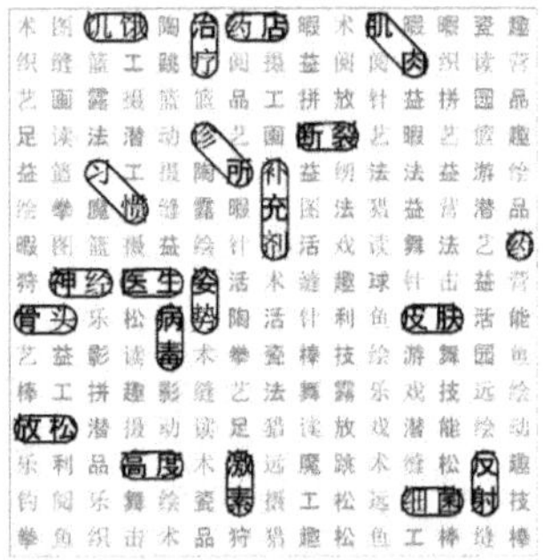

47 - Town

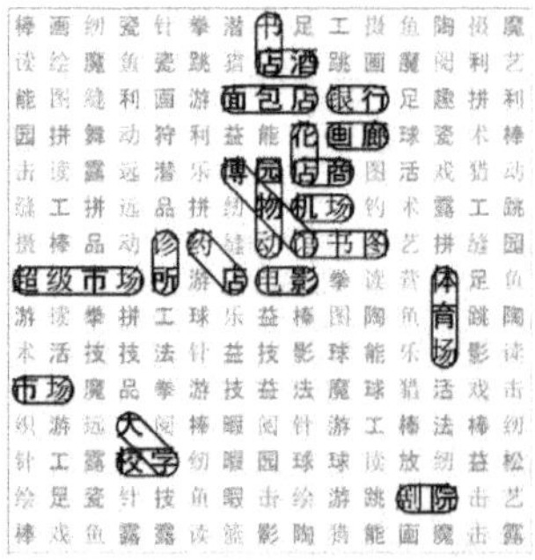

48 - Antarctica

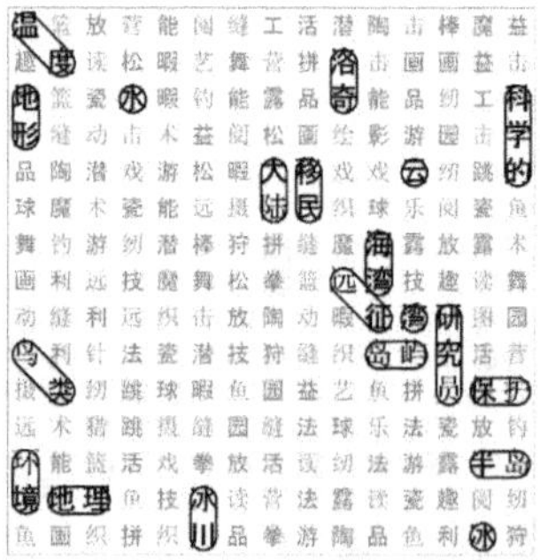

49 - Human Body

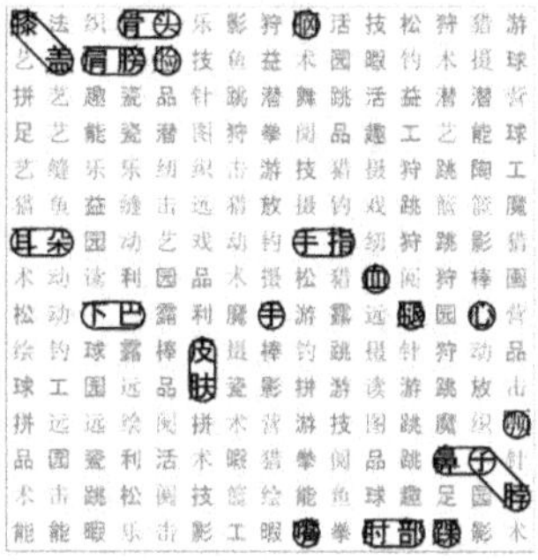

50 - Musical Instruments

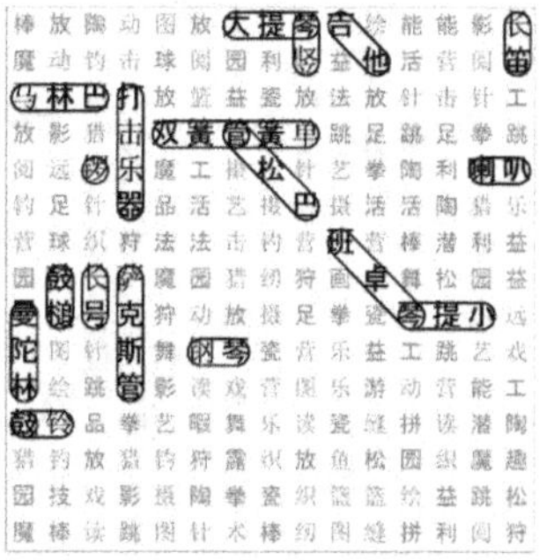

51 - Fruit

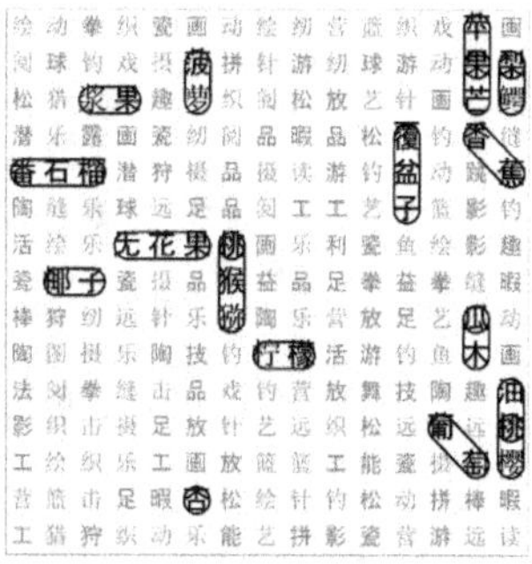

52 - Engineering

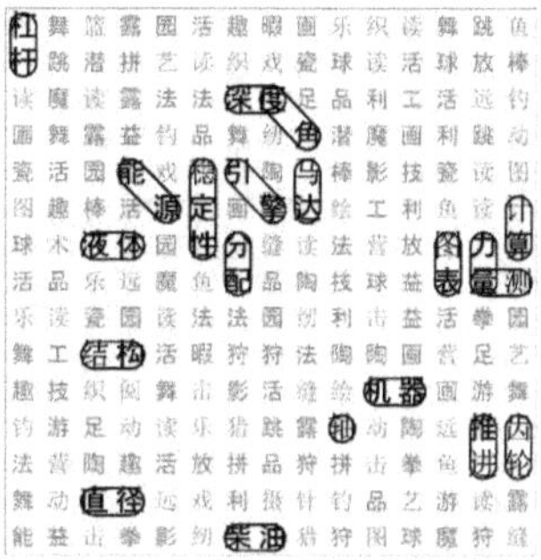

53 - Government

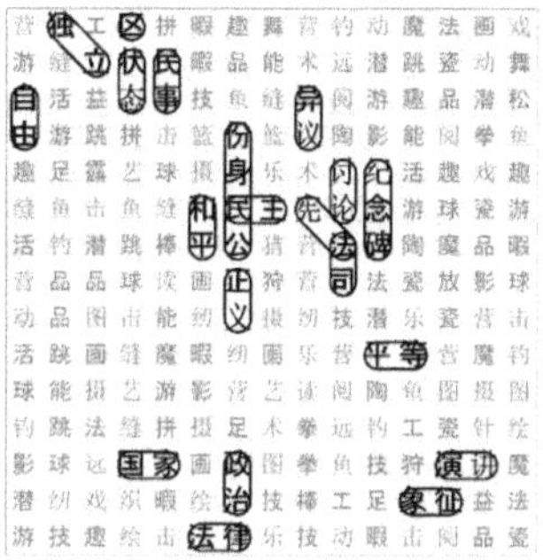

54 - Art Supplies

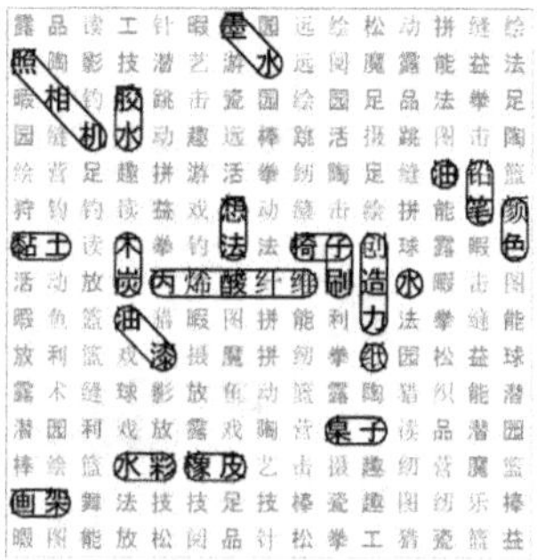

55 - Science Fiction

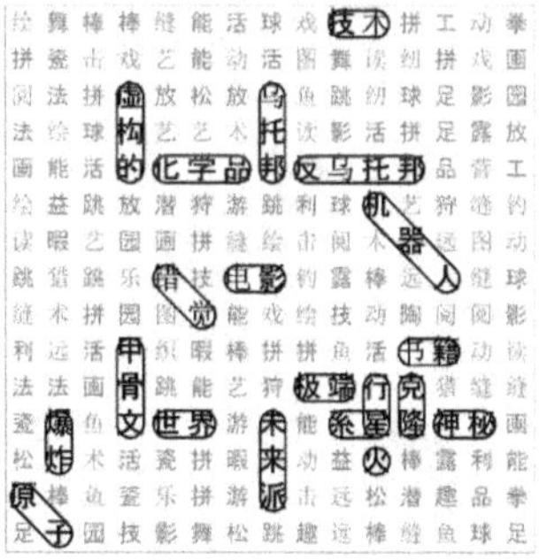

56 - Geometry

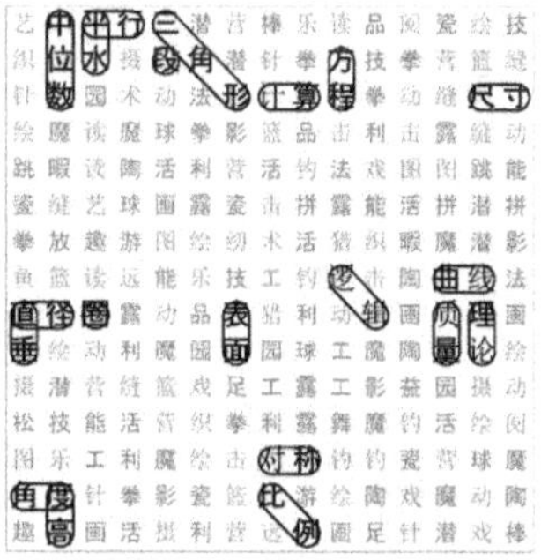

57 - Creativity

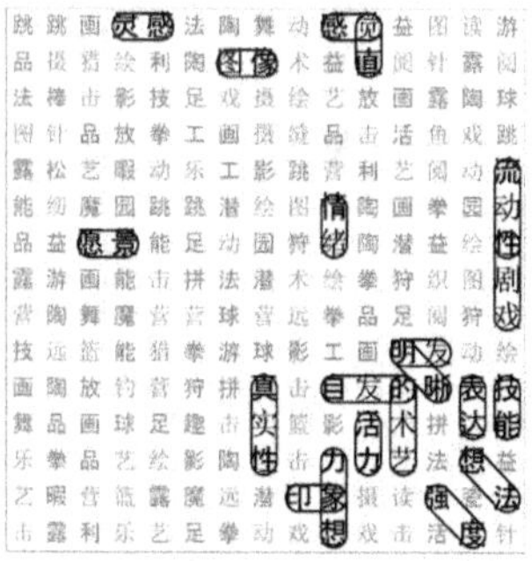

58 - Airplanes

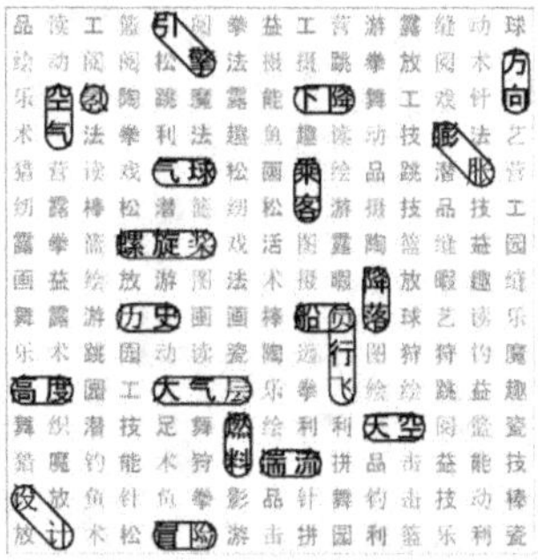

59 - Ocean

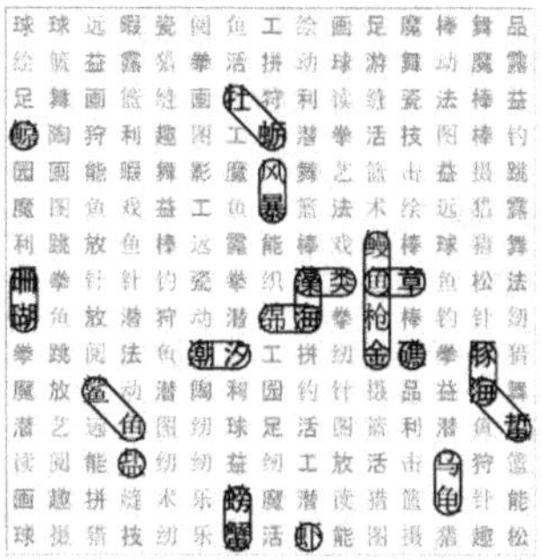

60 - Force and Gravity

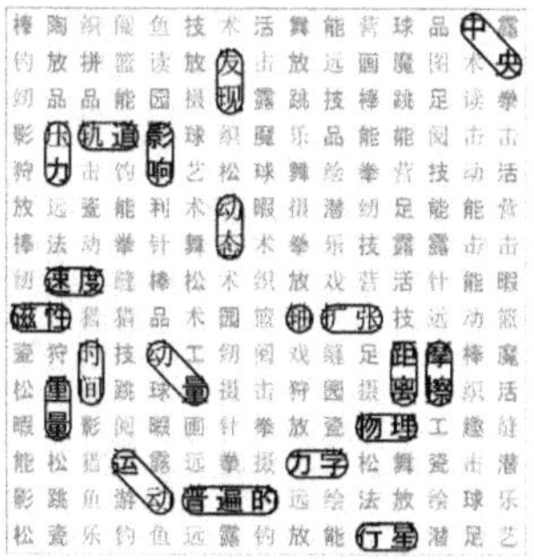

61 - Birds

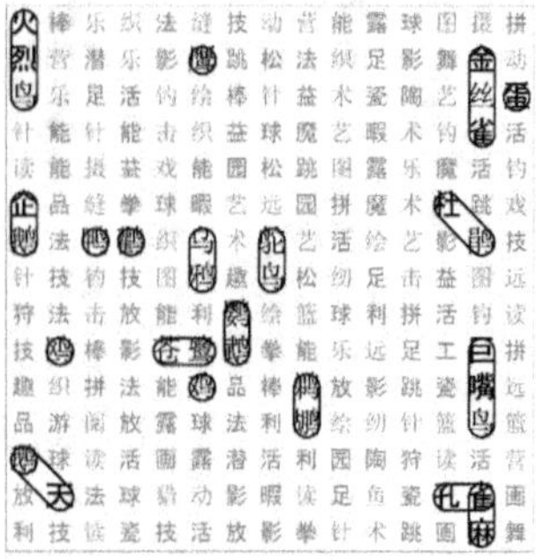

62 - Nutrition

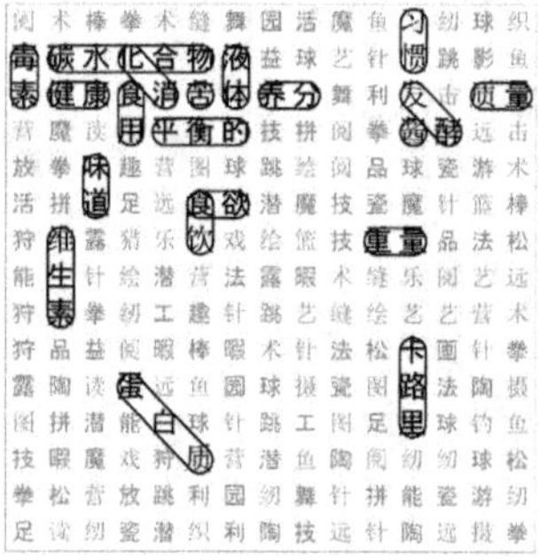

63 - Hiking

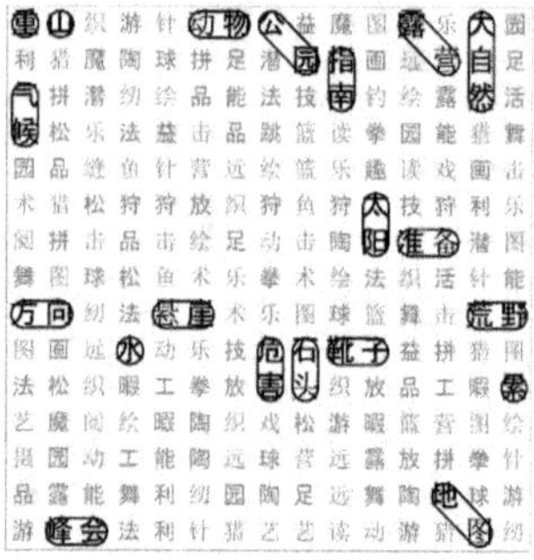

64 - Professions #1

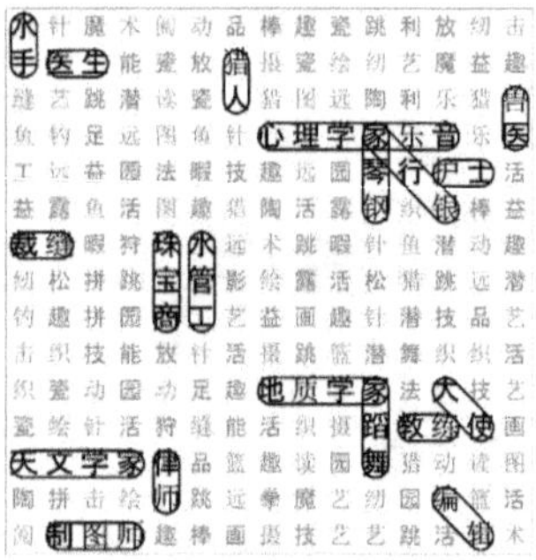

65 - Barbecues

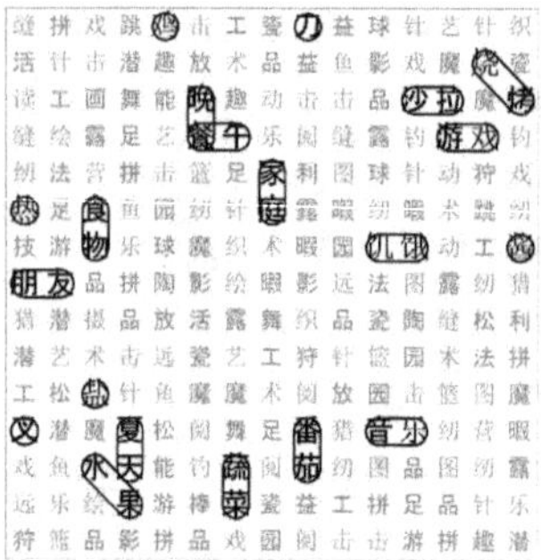

66 - Chocolate

67 - Vegetables

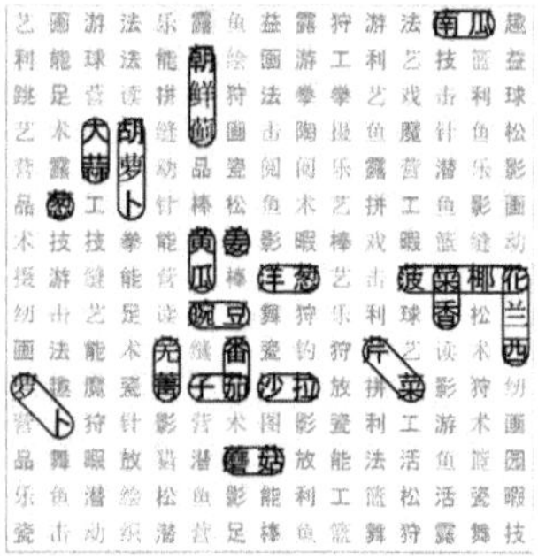

68 - The Media

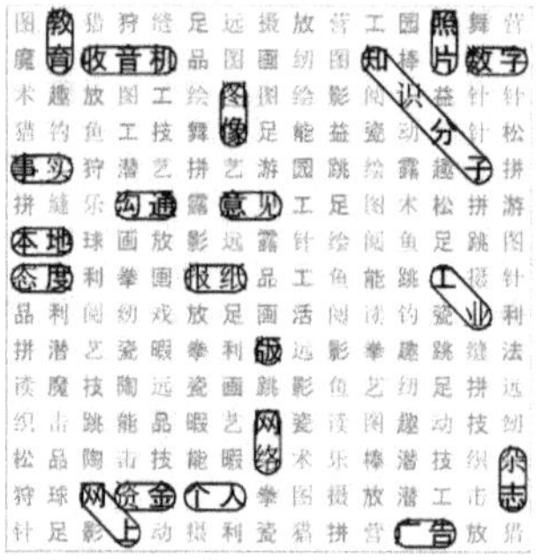

69 - Boats

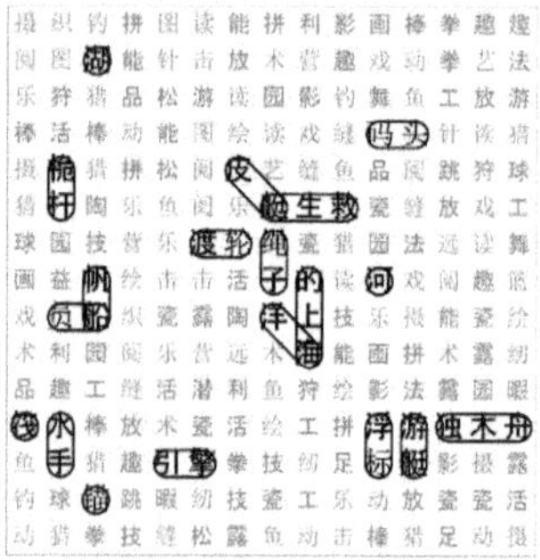

70 - Activities and Leisure

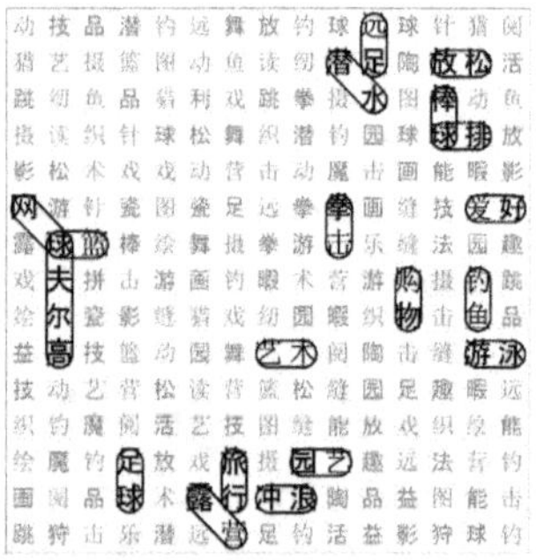

71 - Driving

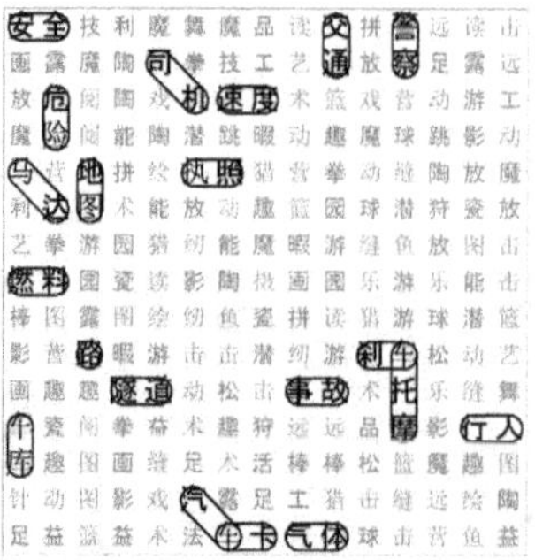

72 - Biology

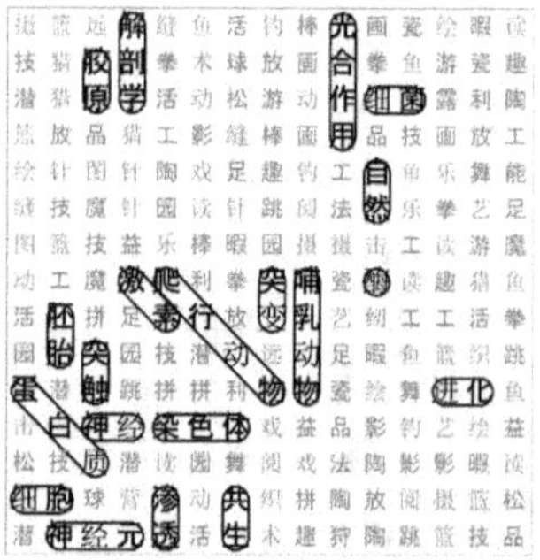

73 - Professions #2

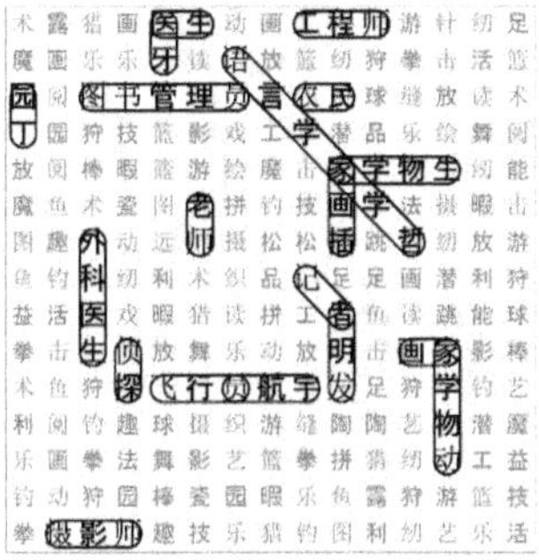

74 - Mythology

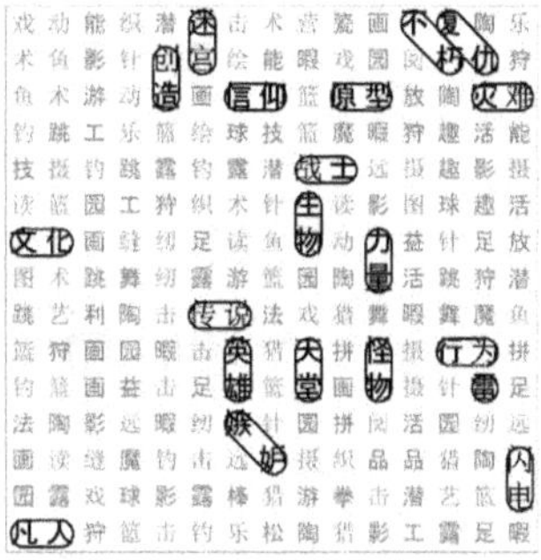

75 - Agronomy

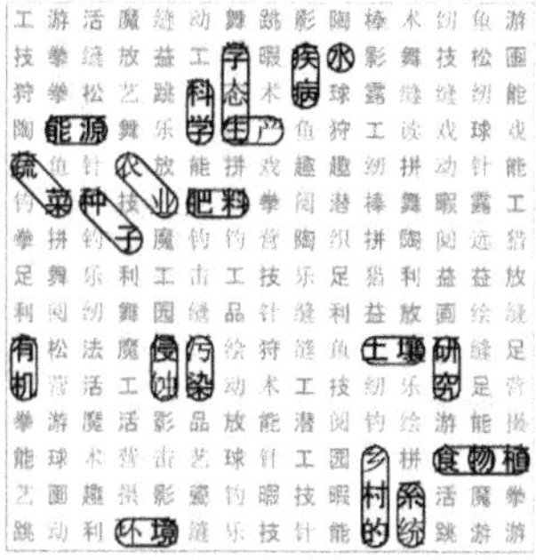

76 - Hair Types

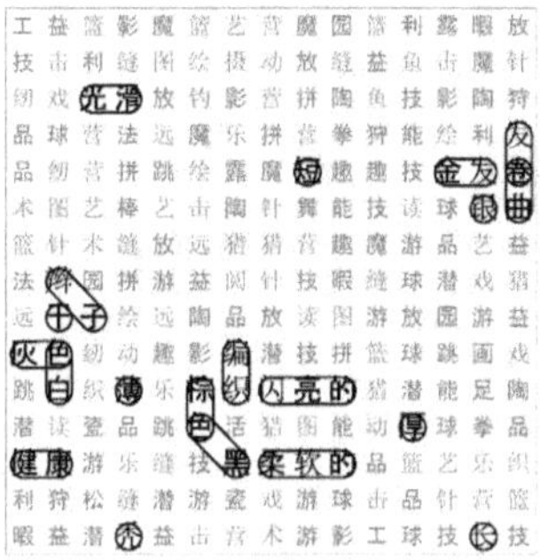

77 - Garden

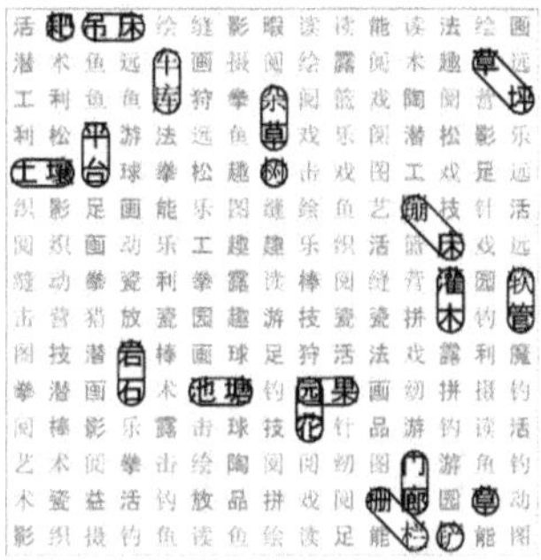

78 - Diplomacy

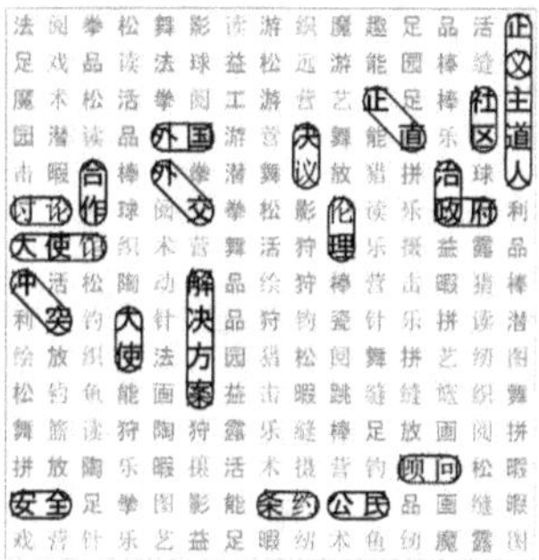

79 - Countries #1

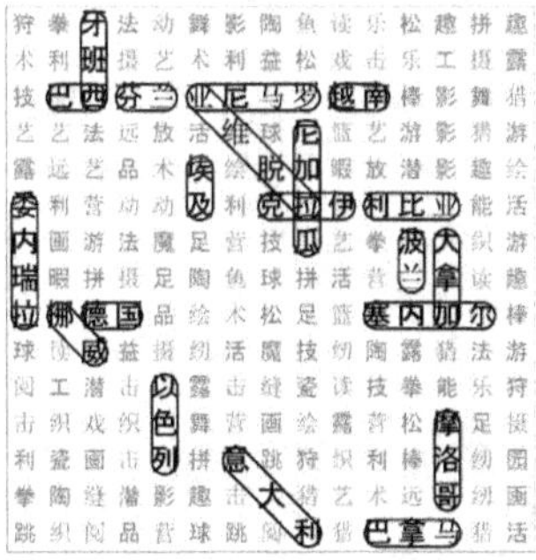

80 - Adjectives #1

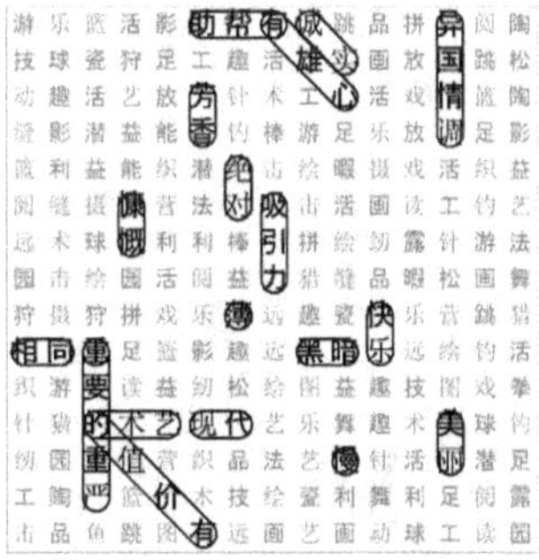

81 - Rainforest

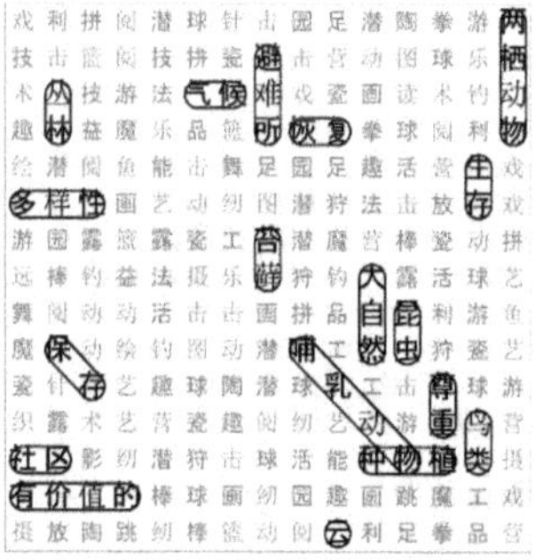

82 - Technology

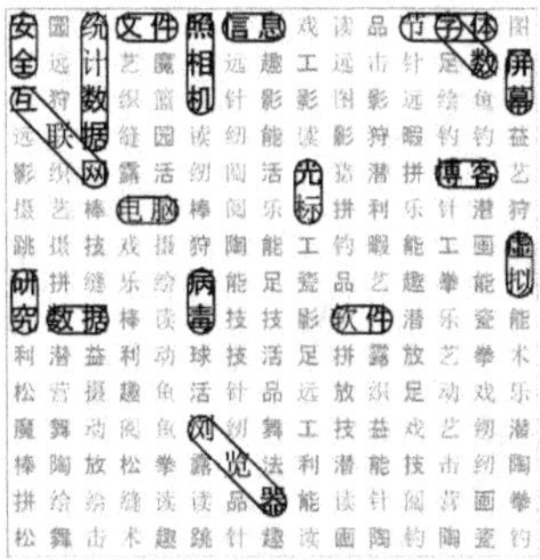

83 - Global Warming

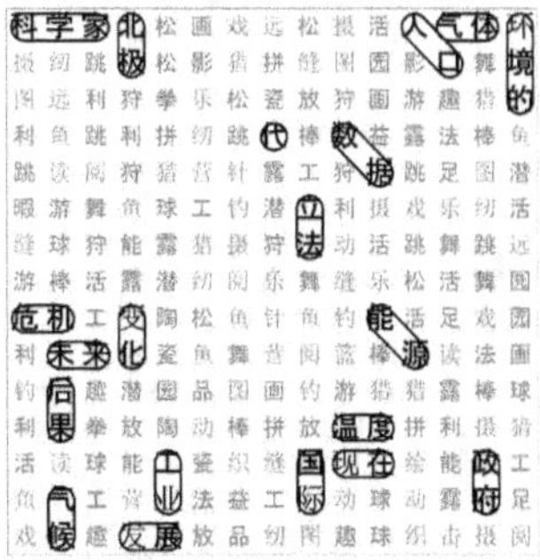

84 - Landscapes

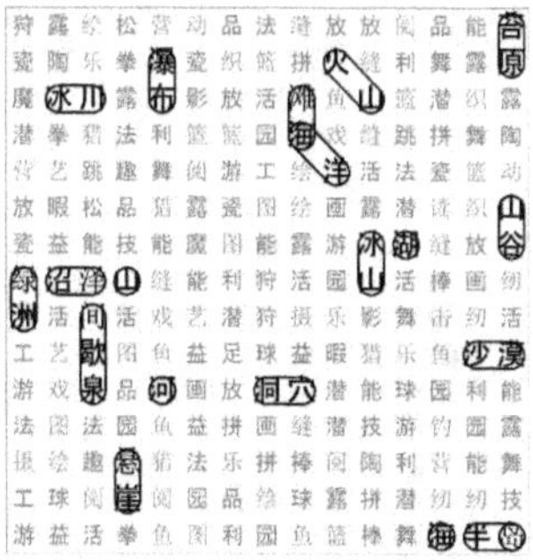

85 - Visual Arts

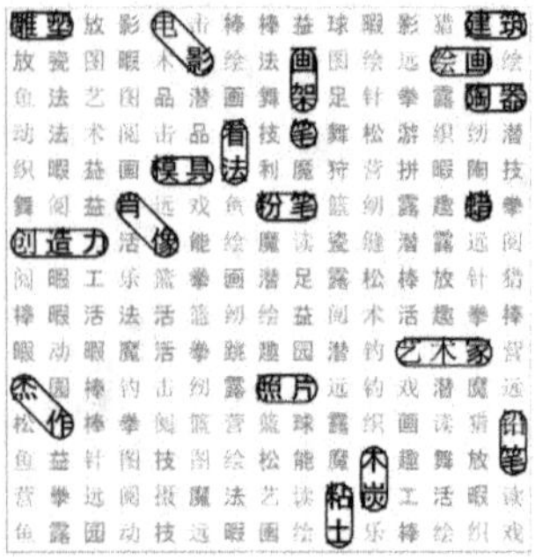

86 - Plants

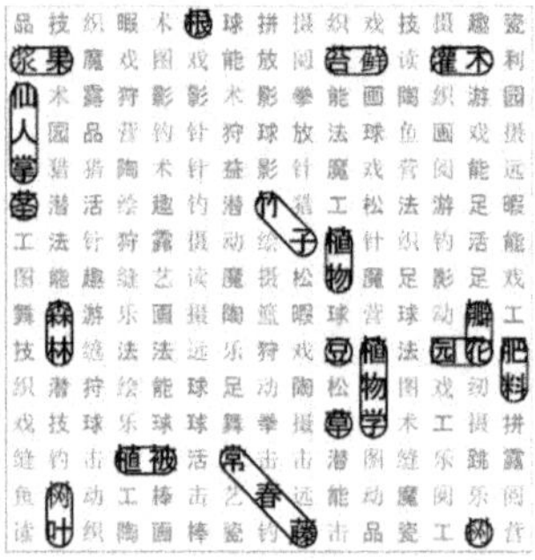

87 - Countries #2

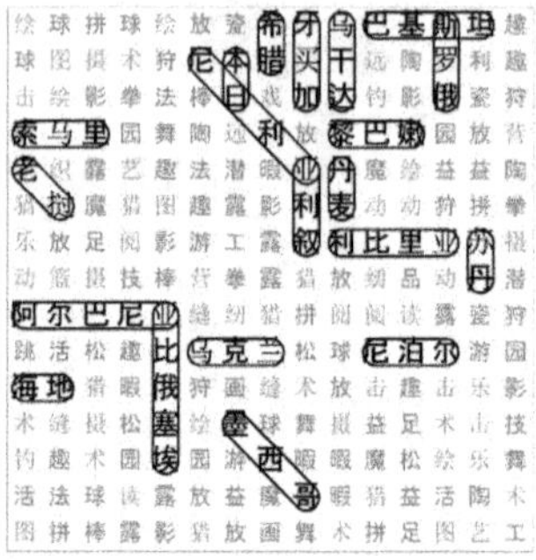

88 - Adjectives #2

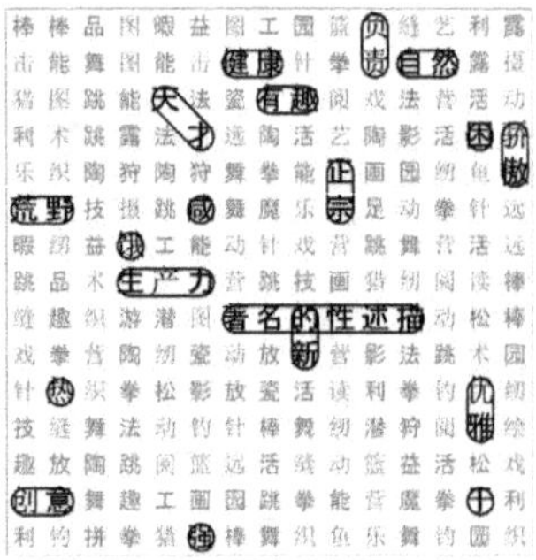

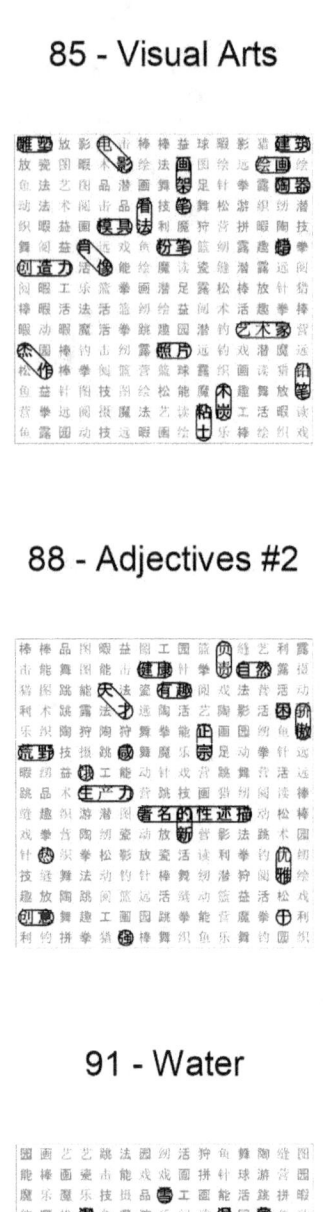

89 - Psychology

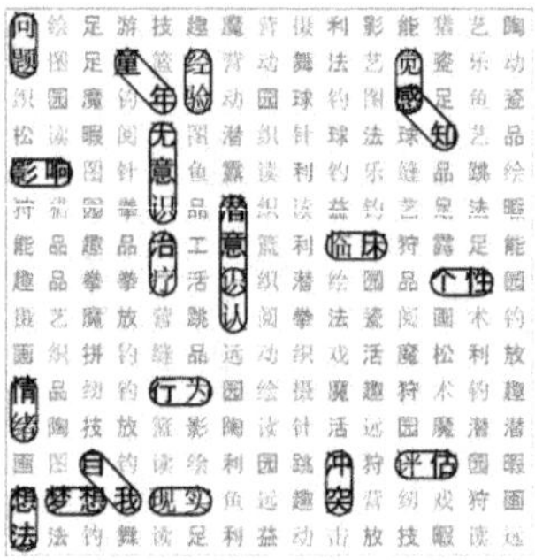

90 - Math

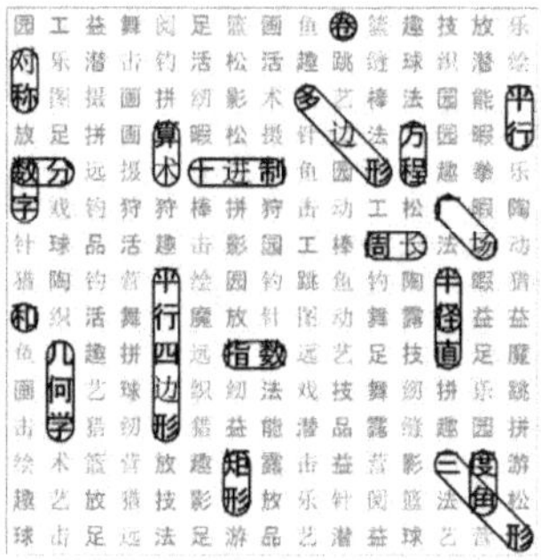

91 - Water

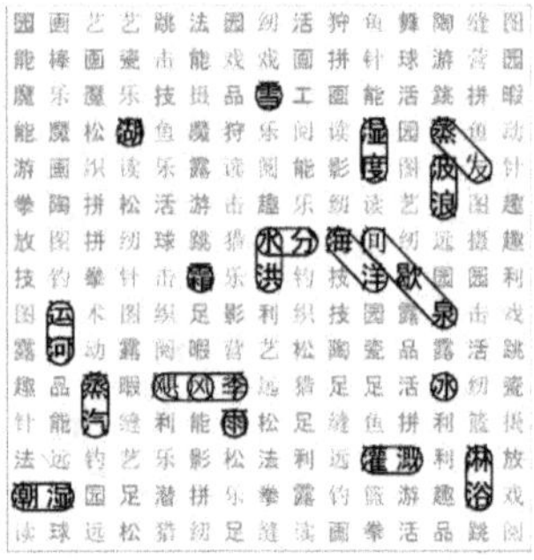

92 - Activities

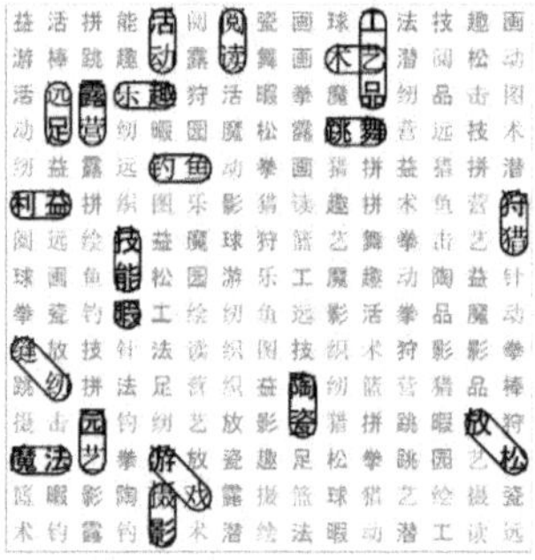

93 - Business

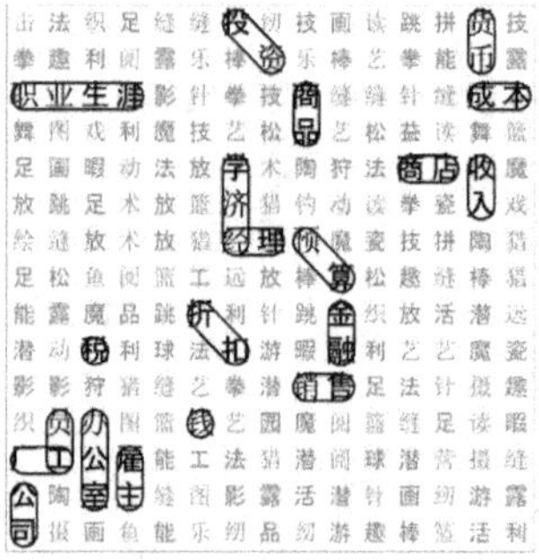

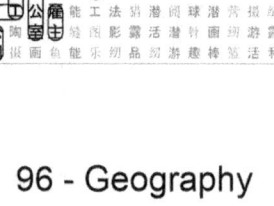

94 - The Company

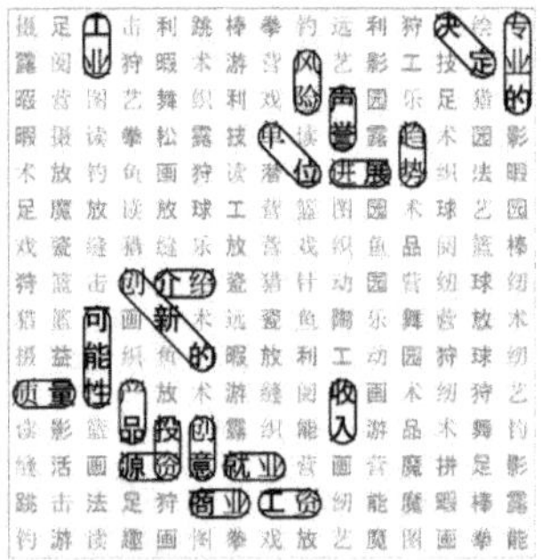

95 - Literature

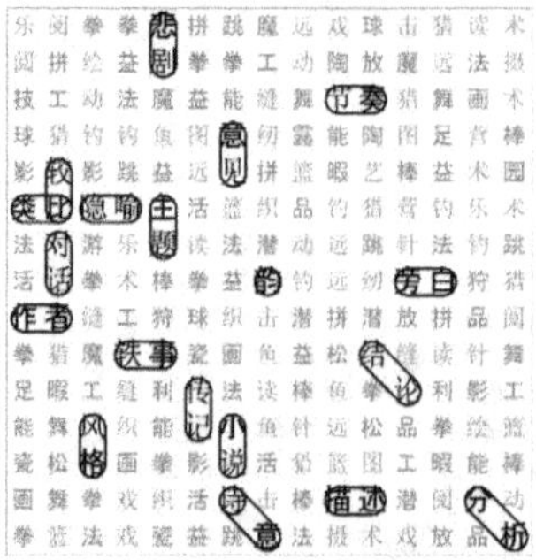

96 - Geography

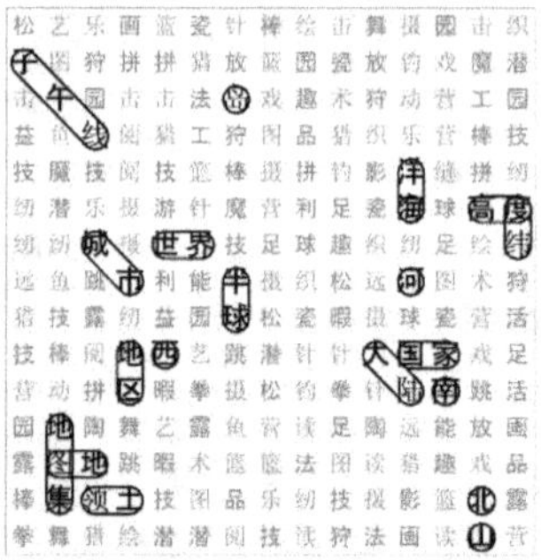

97 - Jazz

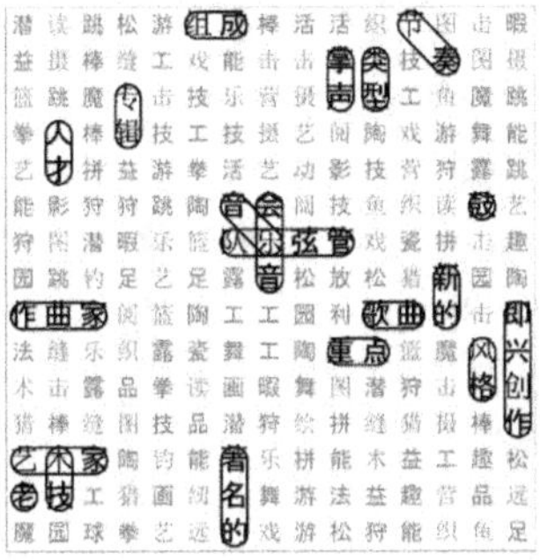

98 - Nature

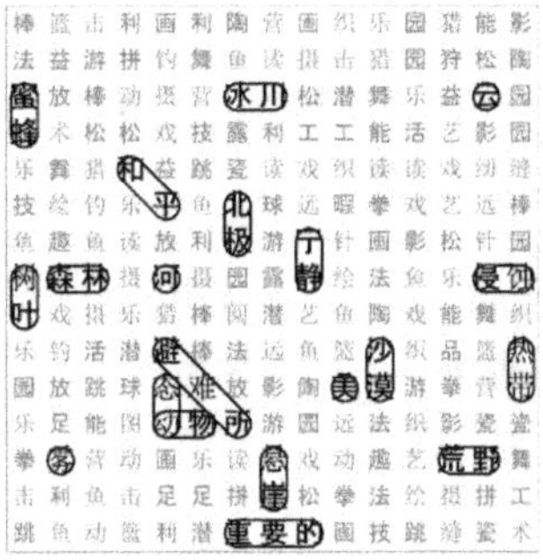

99 - Vacation #2

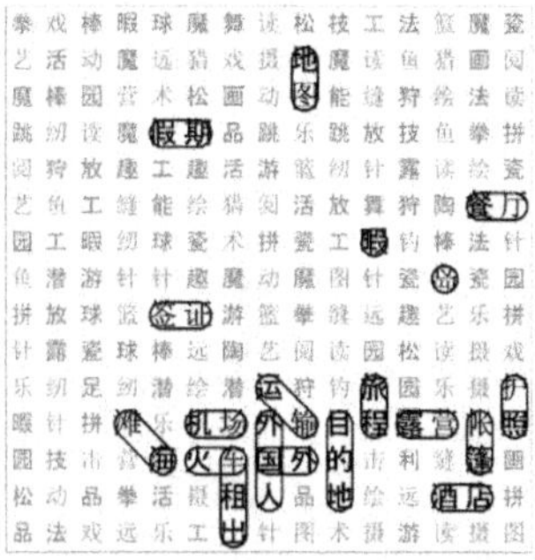

100 - Electricity

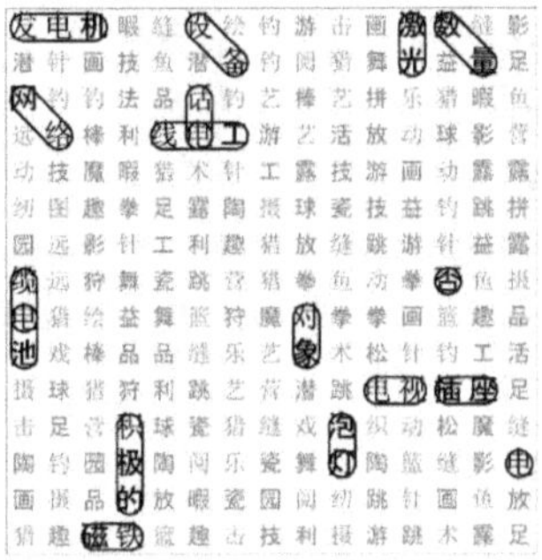

Dictionary

Activities
活动

Activity	活动
Art	艺术
Camping	露营
Ceramics	陶瓷
Crafts	工艺品
Dancing	跳舞
Fishing	钓鱼
Games	游戏
Gardening	园艺
Hiking	远足
Hunting	狩猎
Interests	利益
Leisure	暇
Magic	魔法
Photography	摄影
Pleasure	乐趣
Reading	阅读
Relaxation	放松
Sewing	缝纫
Skill	技能

Activities and Leisure
活动和休闲

Art	艺术
Baseball	棒球
Basketball	篮球
Boxing	拳击
Camping	露营
Diving	潜水
Fishing	钓鱼
Gardening	园艺
Golf	高尔夫球
Hiking	远足
Hobbies	爱好
Relaxing	放松
Shopping	购物
Soccer	足球
Surfing	冲浪
Swimming	游泳
Tennis	网球
Travel	旅行
Volleyball	排球

Adjectives #1
形容词 #1

Absolute	绝对
Ambitious	有雄心
Aromatic	芳香
Artistic	艺术的
Attractive	吸引力
Beautiful	美丽
Dark	黑暗
Exotic	异国情调
Generous	慷慨
Happy	快乐
Heavy	重
Helpful	有帮助
Honest	诚实
Identical	相同
Important	重要的
Modern	现代
Serious	严重的
Slow	慢
Thin	薄
Valuable	有价值的

Adjectives #2
形容词 #2

Authentic	正宗
Creative	创意
Descriptive	描述性的
Dry	干
Elegant	优雅
Famous	著名的
Gifted	天才
Healthy	健康
Hot	热
Hungry	饿
Interesting	有趣
Natural	自然
New	新的
Productive	生产力
Proud	骄傲
Responsible	负责
Salty	咸
Sleepy	困
Strong	强
Wild	荒野

Adventure
冒险

Activity	活动
Beauty	美
Bravery	勇敢
Challenges	挑战
Chance	机会
Dangerous	危险
Destination	目的地
Difficulty	困难
Enthusiasm	热情
Excursion	远足
Friends	朋友
Itinerary	行程
Joy	喜悦
Nature	大自然
Navigation	导航
New	新的
Preparation	准备
Safety	安全
Travels	旅行
Unusual	异常

Agronomy
农学

Agriculture	农业
Diseases	疾病
Ecology	生态学
Energy	能源
Environment	环境
Erosion	侵蚀
Fertilizer	肥料
Food	食物
Organic	有机
Plants	植物
Pollution	污染
Production	生产
Research	研究
Rural	乡村的
Science	科学
Seeds	种子
Soil	土壤
Systems	系统
Vegetables	蔬菜
Water	水

Airplanes
飞机

Adventure	冒险
Air	空气
Atmosphere	大气层
Balloon	气球
Crew	船员
Descent	下降
Design	设计
Direction	方向
Engine	引擎
Fuel	燃料
Height	高度
History	历史
Hydrogen	氢
Inflate	膨胀
Landing	降落
Passenger	乘客
Pilot	飞行员
Propellers	螺旋桨
Sky	天空
Turbulence	湍流

Algebra
代数

Diagram	图表
Equation	方程
Exponent	指数
Factor	因素
Formula	公式
Fraction	分数
Infinite	无限
Linear	线性
Matrix	矩阵
Parenthesis	括号
Problem	问题
Quantity	数量
Simplify	简化
Solution	解决方案
Solve	解决
Subtraction	减法
Sum	和
Variable	变量
Zero	零

Antarctica
南极洲

Bay	湾
Birds	鸟类
Clouds	云
Conservation	保护
Continent	大陆
Cove	海湾
Environment	环境
Expedition	远征
Geography	地理
Glaciers	冰川
Ice	冰
Islands	岛屿
Migration	移民
Peninsula	半岛
Researcher	研究员
Rocky	洛奇
Scientific	科学的
Temperature	温度
Topography	地形
Water	水

Antiques
古董

Art	艺术
Auction	拍卖
Authentic	正宗
Century	世纪
Coins	硬币
Decades	几十年
Decorative	装饰性的
Elegant	优雅
Furniture	家具
Gallery	画廊
Investment	投资
Jewelry	珠宝
Old	老
Price	价格
Quality	质量
Restoration	恢复
Sculpture	雕塑
Style	风格
Unusual	异常
Value	价值

Archeology
考古学

Analysis	分析
Antiquity	古代
Bones	骨头
Civilization	文明
Descendant	后裔
Era	时代
Evaluation	评估
Expert	专家
Findings	发现
Fossil	化石
Fragments	碎片
Mystery	神秘
Objects	对象
Pottery	陶器
Relic	遗迹
Researcher	研究员
Team	团队
Temple	寺庙
Tomb	墓
Unknown	未知

Art Supplies
美术用品

Acrylic	丙烯酸纤维
Brushes	刷子
Camera	照相机
Chair	椅子
Charcoal	木炭
Clay	黏土
Colors	颜色
Creativity	创造力
Easel	画架
Eraser	橡皮
Glue	胶水
Ideas	想法
Ink	墨水
Oil	油
Paints	油漆
Paper	纸
Pencils	铅笔
Table	桌子
Water	水
Watercolors	水彩

Astronomy
天文学

Asteroid	小行星
Astronaut	宇航员
Astronomer	天文学家
Constellation	星座
Earth	地球
Eclipse	蚀
Equinox	春分
Galaxy	星系
Meteor	流星
Moon	月亮
Nebula	星云
Observatory	天文台
Planet	行星
Radiation	辐射
Rocket	火箭
Satellite	卫星
Sky	天空
Solar	太阳的
Supernova	超新星
Zodiac	黄道带

Barbecues
烧烤

Chicken	鸡
Dinner	晚餐
Family	家庭
Food	食物
Forks	叉
Friends	朋友
Fruit	水果
Games	游戏
Grill	烧烤
Hot	热
Hunger	饥饿
Knives	刀
Lunch	午餐
Music	音乐
Salads	沙拉
Salt	盐
Sauce	酱
Summer	夏天
Tomatoes	番茄
Vegetables	蔬菜

Beauty
美

Charm	魅力
Color	颜色
Cosmetics	化妆品
Curls	卷发
Elegant	优雅
Fragrance	香味
Lipstick	口红
Makeup	化妆
Mascara	睫毛膏
Mirror	镜子
Oils	油
Photogenic	上镜
Products	产品
Scissors	剪刀
Services	服务
Shampoo	洗发水
Skin	皮肤
Smooth	光滑
Stylist	造型师

Bees
蜜蜂

Beneficial	有益的
Blossom	开花
Diversity	多样性
Ecosystem	生态系统
Flowers	花
Food	食物
Fruit	水果
Garden	花园
Habitat	生境
Hive	蜂巢
Honey	蜂蜜
Insect	昆虫
Plants	植物
Pollen	花粉
Pollinator	传粉者
Queen	女王
Smoke	烟
Sun	太阳
Swarm	群
Wax	蜡

Biology
生物学

Anatomy	解剖学
Bacteria	细菌
Cell	细胞
Chromosome	染色体
Collagen	胶原
Embryo	胚胎
Enzyme	酶
Evolution	进化
Hormone	激素
Mammal	哺乳动物
Mutation	突变
Natural	自然
Nerve	神经
Neuron	神经元
Osmosis	渗透
Photosynthesis	光合作用
Protein	蛋白质
Reptile	爬行动物
Symbiosis	共生
Synapse	突触

Birds
鸟类

Canary	金丝雀
Chicken	鸡
Crow	乌鸦
Cuckoo	杜鹃
Duck	鸭
Eagle	鹰
Egg	蛋
Flamingo	火烈鸟
Goose	鹅
Gull	鸥
Heron	苍鹭
Ostrich	鸵鸟
Parrot	鹦鹉
Peacock	孔雀
Pelican	鹈鹕
Penguin	企鹅
Sparrow	麻雀
Stork	鹳
Swan	天鹅
Toucan	巨嘴鸟

Boats
船

Anchor	锚
Buoy	浮标
Canoe	独木舟
Crew	船员
Dock	码头
Engine	引擎
Ferry	渡轮
Kayak	皮艇
Lake	湖
Lifeboat	救生艇
Mast	桅杆
Nautical	海上的
Ocean	海洋
Raft	筏
River	河
Rope	绳子
Sailboat	帆船
Sailor	水手
Sea	海
Yacht	游艇

Books
书籍

Adventure	冒险
Author	作者
Collection	收藏
Context	上下文
Duality	二元性
Epic	史诗
Historical	历史的
Humorous	幽默
Inventive	发明
Literary	文学
Narrator	旁白
Novel	小说
Page	页
Poem	诗
Poetry	诗歌
Reader	读者
Relevant	相关的
Story	故事
Tragic	悲剧
Written	书面的

Buildings
建筑物

Apartment	公寓
Barn	谷仓
Cabin	舱
Castle	城堡
Cinema	电影
Embassy	大使馆
Factory	工厂
Hospital	医院
Hostel	旅馆
Hotel	酒店
Laboratory	实验室
Museum	博物馆
Observatory	天文台
School	学校
Stadium	体育场
Supermarket	超级市场
Tent	帐篷
Theater	剧院
Tower	塔
University	大学

Business
商业

Budget	预算
Career	职业生涯
Company	公司
Cost	成本
Currency	货币
Discount	折扣
Economics	经济学
Employee	员工
Employer	雇主
Factory	工厂
Finance	金融
Income	收入
Investment	投资
Manager	经理
Merchandise	商品
Money	钱
Office	办公室
Sale	销售
Shop	商店
Taxes	税

Camping
露营

Adventure	冒险
Animals	动物
Cabin	舱
Canoe	独木舟
Compass	罗盘
Fire	火
Forest	森林
Fun	乐趣
Hammock	吊床
Hat	帽子
Hunting	狩猎
Insect	昆虫
Lake	湖
Map	地图
Moon	月亮
Mountain	山
Nature	大自然
Rope	绳子
Tent	帐篷
Trees	树木

Chemistry
化学

Acid	酸
Alkaline	碱性
Atomic	原子
Carbon	碳
Catalyst	催化剂
Chlorine	氯
Electron	电子
Enzyme	酶
Gas	气体
Heat	热
Hydrogen	氢
Ion	离子
Liquid	液体
Molecule	分子
Nuclear	核
Organic	有机
Oxygen	氧
Salt	盐
Temperature	温度
Weight	重量

Chocolate
巧克力

Antioxidant	抗氧化剂
Aroma	香气
Bitter	苦
Cacao	可可
Calories	卡路里
Candy	糖果
Caramel	焦糖
Coconut	椰子
Craving	渴望
Delicious	美味
Exotic	异国情调
Favorite	最喜欢的
Ingredient	成分
Peanuts	花生
Quality	质量
Recipe	食谱
Sugar	糖
Sweet	甜蜜的
Taste	味道

Clothes
衣服

Apron	围裙
Belt	带
Bracelet	手镯
Coat	外套
Dress	连衣裙
Fashion	时尚
Gloves	手套
Hat	帽子
Jacket	夹克
Jeans	牛仔裤
Jewelry	珠宝
Necklace	项链
Pajamas	睡衣
Pants	裤子
Sandals	凉鞋
Scarf	围巾
Shirt	衬衫
Shoe	鞋
Skirt	短裙
Sweater	毛衣

Countries #1
国家 #1

Brazil	巴西
Canada	加拿大
Egypt	埃及
Finland	芬兰
Germany	德国
Iraq	伊拉克
Israel	以色列
Italy	意大利
Latvia	拉脱维亚
Libya	利比亚
Morocco	摩洛哥
Nicaragua	尼加拉瓜
Norway	挪威
Panama	巴拿马
Poland	波兰
Romania	罗马尼亚
Senegal	塞内加尔
Spain	西班牙
Venezuela	委内瑞拉
Vietnam	越南

Countries #2
国家 #2

Albania	阿尔巴尼亚
Denmark	丹麦
Ethiopia	埃塞俄比亚
Greece	希腊
Haiti	海地
Jamaica	牙买加
Japan	日本
Laos	老挝
Lebanon	黎巴嫩
Liberia	利比里亚
Mexico	墨西哥
Nepal	尼泊尔
Nigeria	尼日利亚
Pakistan	巴基斯坦
Russia	俄罗斯
Somalia	索马里
Sudan	苏丹
Syria	叙利亚
Uganda	乌干达
Ukraine	乌克兰

Creativity
创造力

Artistic	艺术的
Authenticity	真实性
Clarity	明晰
Dramatic	戏剧性
Emotions	情绪
Expression	表达
Fluidity	流动性
Ideas	想法
Image	图像
Imagination	想象力
Impression	印象
Inspiration	灵感
Intensity	强度
Intuition	直觉
Inventive	发明
Sensation	感觉
Skill	技能
Spontaneous	自发的
Visions	愿景
Vitality	活力

Days and Months
天和月

April	四月
August	八月
Calendar	日历
February	二月
Friday	星期五
January	一月
July	七月
March	三月
Monday	星期一
Month	月
November	十一月
October	十月
Saturday	星期六
September	九月
Sunday	星期日
Thursday	星期四
Tuesday	星期二
Wednesday	星期三
Week	周
Year	年

Diplomacy
外交

Adviser	顾问
Ambassador	大使
Citizens	公民
Community	社区
Conflict	冲突
Cooperation	合作
Diplomatic	外交
Discussion	讨论
Embassy	大使馆
Ethics	伦理
Foreign	外国
Government	政府
Humanitarian	人道主义
Integrity	正直
Justice	正义
Politics	政治
Resolution	决议
Security	安全
Solution	解决方案
Treaty	条约

Disease
疾病

Abdominal	腹部
Acute	急性
Allergies	过敏
Bacterial	细菌
Body	身体
Bones	骨头
Chronic	慢性
Contagious	传染性
Health	健康
Heart	心
Hereditary	遗传
Immunity	免疫
Inflammation	炎症
Lumbar	腰椎
Neuropathy	神经病
Pathogens	病原体
Respiratory	呼吸的
Syndrome	症状
Therapy	治疗
Weak	弱

Driving
驾驶

Accident	事故
Brakes	刹车
Car	汽车
Danger	危险
Driver	司机
Fuel	燃料
Garage	车库
Gas	气体
License	执照
Map	地图
Motor	马达
Motorcycle	摩托车
Pedestrian	行人
Police	警察
Road	路
Safety	安全
Speed	速度
Traffic	交通
Truck	卡车
Tunnel	隧道

Electricity
電力

Battery	电池
Bulb	灯泡
Cable	电缆
Electric	电
Electrician	电工
Equipment	设备
Generator	发电机
Lamp	灯
Laser	激光
Magnet	磁铁
Negative	否
Network	网络
Objects	对象
Positive	积极的
Quantity	数量
Socket	插座
Telephone	电话
Television	电视
Wires	电线

Energy
能源

Battery	电池
Carbon	碳
Diesel	柴油
Electric	电
Electron	电子
Engine	引擎
Entropy	熵
Environment	环境
Fuel	燃料
Gasoline	汽油
Heat	热
Hydrogen	氢
Industry	工业
Motor	马达
Nuclear	核
Photon	光子
Pollution	污染
Renewable	再生
Turbine	涡轮
Wind	风

Engineering
工程

Angle	角度
Axis	轴
Calculation	计算
Depth	深度
Diagram	图表
Diameter	直径
Diesel	柴油
Distribution	分配
Energy	能源
Engine	引擎
Gears	齿轮
Levers	杠杆
Liquid	液体
Machine	机器
Measurement	测量
Motor	马达
Propulsion	推进
Stability	稳定性
Strength	力量
Structure	结构

Ethics
伦理

Altruism	利他主义
Benevolent	仁慈
Compassion	同情
Cooperation	合作
Dignity	尊严
Diplomatic	外交
Honesty	诚实
Humanity	人性
Individualism	个人主义
Integrity	正直
Kindness	善良
Optimism	乐观
Patience	耐心
Philosophy	哲学
Rationality	理性
Realism	现实主义
Reasonable	合理
Respectful	尊敬的
Tolerance	宽容
Wisdom	智慧

Family
家庭

Ancestor	祖先
Aunt	阿姨
Brother	兄弟
Child	孩子
Childhood	童年
Cousin	表哥
Daughter	女儿
Father	父亲
Grandfather	祖父
Grandmother	祖母
Grandson	孙子
Husband	丈夫
Maternal	产妇
Mother	母亲
Nephew	侄子
Niece	侄女
Paternal	父亲的
Sister	姐姐
Uncle	叔叔
Wife	妻子

Farm #1
农场 #1

Agriculture	农业
Bee	蜜蜂
Bison	野牛
Calf	小腿
Cat	猫
Chicken	鸡
Cow	牛
Crow	乌鸦
Dog	狗
Donkey	驴
Fence	栅栏
Fertilizer	肥料
Field	领域
Goat	山羊
Hay	干草
Honey	蜂蜜
Horse	马
Rice	米
Seeds	种子
Water	水

Farm #2
农场 #2

Animals	动物
Barley	大麦
Barn	谷仓
Corn	玉米
Duck	鸭
Farmer	农民
Food	食物
Fruit	水果
Irrigation	灌溉
Lamb	羊肉
Llama	美洲驼
Meadow	草甸
Milk	牛奶
Orchard	果园
Sheep	羊
Shepherd	牧羊人
Tractor	拖拉机
Vegetable	蔬菜
Wheat	小麦
Windmill	风车

Flowers
鲜花

Bouquet	花束
Calendula	金盏花
Clover	三叶草
Daffodil	水仙花
Daisy	雏菊
Dandelion	蒲公英
Gardenia	栀子花
Hibiscus	芙蓉
Jasmine	茉莉花
Lavender	薰衣草
Lily	百合
Magnolia	玉兰
Orchid	兰花
Passionflower	西番莲
Peony	牡丹
Petal	花瓣
Poppy	罂粟
Rose	玫瑰
Sunflower	向日葵
Tulip	郁金香

Food #1
食物 #1

Apricot	杏
Barley	大麦
Basil	罗勒
Carrot	胡萝卜
Cinnamon	肉桂
Garlic	大蒜
Juice	果汁
Lemon	柠檬
Milk	牛奶
Onion	洋葱
Peanut	花生
Pear	梨
Salad	沙拉
Salt	盐
Soup	汤
Spinach	菠菜
Strawberry	草莓
Sugar	糖
Tuna	金枪鱼
Turnip	芜菁

Food #2
食物 #2

Apple	苹果
Artichoke	朝鲜蓟
Banana	香蕉
Broccoli	西兰花
Celery	芹菜
Cheese	奶酪
Cherry	樱桃
Chicken	鸡
Chocolate	巧克力
Egg	蛋
Eggplant	茄子
Fish	鱼
Grape	葡萄
Ham	火腿
Kiwi	猕猴桃
Mushroom	蘑菇
Rice	米
Tomato	番茄
Wheat	小麦
Yogurt	酸奶

Force and Gravity
力和重力

Axis	轴
Center	中央
Discovery	发现
Distance	距离
Dynamic	动态
Expansion	扩张
Friction	摩擦
Impact	影响
Magnetism	磁性
Mechanics	力学
Momentum	动量
Motion	运动
Orbit	轨道
Physics	物理
Planets	行星
Pressure	压力
Speed	速度
Time	时间
Universal	普遍的
Weight	重量

Fruit
水果

Apple	苹果
Apricot	杏
Avocado	鳄梨
Banana	香蕉
Berry	浆果
Cherry	樱桃
Coconut	椰子
Fig	无花果
Grape	葡萄
Guava	番石榴
Kiwi	猕猴桃
Lemon	柠檬
Mango	芒果
Melon	瓜
Nectarine	油桃
Papaya	木瓜
Peach	桃
Pear	梨
Pineapple	菠萝
Raspberry	覆盆子

Garden
花园

Bush	灌木
Fence	栅栏
Flower	花
Garage	车库
Garden	花园
Grass	草
Hammock	吊床
Hose	软管
Lawn	草坪
Orchard	果园
Pond	池塘
Porch	门廊
Rake	耙
Rocks	岩石
Shovel	铲
Soil	土壤
Terrace	平台
Trampoline	蹦床
Tree	树
Weeds	杂草

Gardening
园艺

Blossom	开花
Botanical	植物
Bouquet	花束
Climate	气候
Compost	堆肥
Container	容器
Dirt	污垢
Edible	食用
Exotic	异国情调
Floral	花的
Foliage	树叶
Hose	软管
Leaf	叶
Moisture	水分
Orchard	果园
Seasonal	季节性
Seeds	种子
Soil	土壤
Species	物种
Water	水

Geography
地理

Altitude	高度
Atlas	地图集
City	城市
Continent	大陆
Country	国家
Hemisphere	半球
Island	岛
Latitude	纬度
Map	地图
Meridian	子午线
Mountain	山
North	北
Ocean	海洋
Region	地区
River	河
Sea	海
South	南
Territory	领土
West	西
World	世界

Geology
地质学

Acid	酸
Calcium	钙
Cavern	洞穴
Continent	大陆
Coral	珊瑚
Crystals	水晶
Cycles	周期
Earthquake	地震
Erosion	侵蚀
Fossil	化石
Geyser	间歇泉
Lava	熔岩
Layer	层
Minerals	矿物
Plateau	高原
Quartz	石英
Salt	盐
Stalactite	钟乳石
Stone	石头
Volcano	火山

Geometry
几何

Angle	角度
Calculation	计算
Circle	圈
Curve	曲线
Diameter	直径
Dimension	尺寸
Equation	方程
Height	高度
Horizontal	水平
Logic	逻辑
Mass	质量
Median	中位数
Parallel	平行
Proportion	比例
Segment	段
Surface	表面
Symmetry	对称
Theory	理论
Triangle	三角形
Vertical	垂直

Global Warming
全球变暖

Arctic	北极
Changes	变化
Climate	气候
Consequences	后果
Crisis	危机
Data	数据
Development	发展
Energy	能源
Environmental	环境的
Future	未来
Gas	气体
Generations	代
Government	政府
Industry	工业
International	国际
Legislation	立法
Now	现在
Populations	人口
Scientist	科学家
Temperatures	温度

Government
政府

Citizenship	公民身份
Civil	民事
Constitution	宪法
Democracy	民主
Discussion	讨论
Dissent	异议
District	区
Equality	平等
Independence	独立
Judicial	司法
Justice	正义
Law	法律
Liberty	自由
Monument	纪念碑
Nation	国家
Peaceful	和平
Politics	政治
Speech	演讲
State	状态
Symbol	象征

Hair Types
头发类型

Bald	秃
Black	黑色
Blond	金发
Braided	编织
Braids	辫子
Brown	棕色
Curls	卷发
Curly	卷曲
Dry	干
Gray	灰色
Healthy	健康
Long	长
Shiny	闪亮的
Short	短
Silver	银
Smooth	光滑
Soft	柔软的
Thick	厚
Thin	薄
White	白色

Health and Wellness #1
健康和保健 #1

Bacteria	细菌
Bones	骨头
Clinic	诊所
Doctor	医生
Fracture	断裂
Habit	习惯
Height	高度
Hormones	激素
Hunger	饥饿
Medicine	药
Muscles	肌肉
Nerves	神经
Pharmacy	药店
Posture	姿势
Reflex	反射
Relaxation	放松
Skin	皮肤
Supplements	补充剂
Treatment	治疗
Virus	病毒

Health and Wellness #2
健康和保健 #2

Allergy	过敏
Anatomy	解剖学
Appetite	食欲
Blood	血
Calorie	卡路里
Dehydration	脱水
Diet	饮食
Disease	疾病
Energy	能源
Genetics	遗传学
Healthy	健康
Hospital	医院
Hygiene	卫生
Infection	感染
Massage	按摩
Nutrition	营养
Recovery	恢复
Stress	压力
Vitamin	维生素
Weight	重量

Herbalism
草药学

Aromatic	芳香
Basil	罗勒
Beneficial	有益的
Culinary	烹饪
Fennel	茴香
Flavor	味道
Flower	花
Garden	花园
Garlic	大蒜
Green	绿色
Ingredient	成分
Lavender	薰衣草
Marjoram	马郁兰
Mint	薄荷
Oregano	牛至
Parsley	香菜
Plant	植物
Rosemary	迷迭香
Saffron	藏红花
Tarragon	龙蒿

Hiking
徒步

Animals	动物
Boots	靴子
Camping	露营
Cliff	悬崖
Climate	气候
Guides	指南
Hazards	危害
Heavy	重
Map	地图
Mountain	山
Nature	大自然
Orientation	方向
Parks	公园
Preparation	准备
Stones	石头
Summit	峰会
Sun	太阳
Tired	累
Water	水
Wild	荒野

House
房子

Attic	阁楼
Broom	扫帚
Curtains	窗帘
Door	门
Fence	栅栏
Fireplace	壁炉
Floor	地板
Furniture	家具
Garage	车库
Garden	花园
Keys	钥匙
Kitchen	厨房
Lamp	灯
Library	图书馆
Mirror	镜子
Roof	屋顶
Room	房间
Shower	淋浴
Wall	墙
Window	窗户

Human Body
人体

Ankle	踝
Blood	血
Bones	骨头
Brain	脑
Chin	下巴
Ear	耳朵
Elbow	肘部
Face	脸
Finger	手指
Hand	手
Head	头
Heart	心
Jaw	颚
Knee	膝盖
Leg	腿
Mouth	嘴
Neck	脖子
Nose	鼻子
Shoulder	肩膀
Skin	皮肤

Insects
昆虫

Ant	蚂蚁
Aphid	蚜
Bee	蜜蜂
Beetle	甲虫
Butterfly	蝴蝶
Cicada	蝉
Cockroach	蟑螂
Dragonfly	蜻蜓
Flea	跳蚤
Grasshopper	蚱蜢
Hornet	大黄蜂
Ladybug	瓢虫
Larva	幼虫
Mantis	螳螂
Mosquito	蚊子
Moth	蛾
Termite	白蚁
Wasp	黄蜂
Worm	蠕虫

Jazz
爵士乐

Album	专辑
Applause	掌声
Artist	艺术家
Composer	作曲家
Composition	组成
Concert	音乐会
Drums	鼓
Emphasis	重点
Famous	著名的
Genre	类型
Improvisation	即兴创作
Music	音乐
New	新的
Old	老
Orchestra	管弦乐队
Rhythm	节奏
Song	歌曲
Style	风格
Talent	人才
Technique	技术

Landscapes
景观

Beach	海滩
Cave	洞穴
Cliff	悬崖
Desert	沙漠
Geyser	间歇泉
Glacier	冰川
Iceberg	冰山
Island	岛
Lake	湖
Mountain	山
Oasis	绿洲
Ocean	海洋
Peninsula	半岛
River	河
Sea	海
Swamp	沼泽
Tundra	苔原
Valley	山谷
Volcano	火山
Waterfall	瀑布

Literature
文学

Analogy	类比
Analysis	分析
Anecdote	轶事
Author	作者
Biography	传记
Comparison	比较
Conclusion	结论
Description	描述
Dialogue	对话
Fiction	小说
Metaphor	隐喻
Narrator	旁白
Opinion	意见
Poem	诗
Poetic	诗意
Rhyme	韵
Rhythm	节奏
Style	风格
Theme	主题
Tragedy	悲剧

Mammals
哺乳动物

Bear	熊
Beaver	海狸
Bull	公牛
Cat	猫
Coyote	郊狼
Dog	狗
Dolphin	海豚
Elephant	大象
Fox	狐狸
Giraffe	长颈鹿
Gorilla	大猩猩
Horse	马
Kangaroo	袋鼠
Lion	狮子
Monkey	猴子
Rabbit	兔子
Sheep	羊
Whale	鲸
Wolf	狼
Zebra	斑马

Math
数学

Angles	角度
Arithmetic	算术
Circumference	周长
Decimal	十进制
Diameter	直径
Equation	方程
Exponent	指数
Fraction	分数
Geometry	几何学
Numbers	数字
Parallel	平行
Parallelogram	平行四边形
Polygon	多边形
Radius	半径
Rectangle	矩形
Square	广场
Sum	和
Symmetry	对称
Triangle	三角形
Volume	卷

Measurements
测量

Byte	字节
Centimeter	厘米
Decimal	十进制
Depth	深度
Gram	克
Height	高度
Inch	英寸
Kilogram	公斤
Kilometer	公里
Length	长度
Liter	升
Mass	质量
Meter	米
Minute	分钟
Ounce	盎司
Pint	品脱
Ton	吨
Volume	卷
Weight	重量
Width	宽度

Meditation
冥想

Acceptance	接受
Awake	醒
Breathing	呼吸
Calm	平静
Clarity	明晰
Compassion	同情
Emotions	情绪
Gratitude	感激
Habits	习惯
Happiness	幸福
Insight	洞察力
Kindness	善良
Mental	心理
Movement	运动
Music	音乐
Nature	大自然
Observation	观察
Peace	和平
Perspective	透视
Silence	沉默

Music
音乐

Album	专辑
Ballad	民谣
Chorus	合唱
Classical	古典
Harmonic	谐波
Harmony	和谐
Instrument	仪器
Lyrical	抒情
Melody	旋律
Microphone	麦克风
Musical	音乐剧
Musician	音乐家
Opera	歌剧
Poetic	诗意
Recording	录音
Rhythmic	节奏
Sing	唱
Singer	歌手
Tempo	速度
Vocal	声乐

Musical Instruments
乐器

Banjo	班卓琴
Bassoon	巴松管
Cello	大提琴
Clarinet	单簧管
Drum	鼓
Drumsticks	鼓槌
Flute	长笛
Gong	锣
Guitar	吉他
Harp	竖琴
Mandolin	曼陀林
Marimba	马林巴
Oboe	双簧管
Percussion	打击乐器
Piano	钢琴
Saxophone	萨克斯管
Tambourine	铃鼓
Trombone	长号
Trumpet	喇叭
Violin	小提琴

Mythology
神话

Archetype	原型
Behavior	行为
Beliefs	信仰
Creation	创造
Creature	生物
Culture	文化
Disaster	灾难
Heaven	天堂
Hero	英雄
Immortality	不朽
Jealousy	嫉妒
Labyrinth	迷宫
Legend	传说
Lightning	闪电
Monster	怪物
Mortal	凡人
Revenge	复仇
Strength	力量
Thunder	雷
Warrior	战士

Nature
大自然

Animals	动物
Arctic	北极
Beauty	美
Bees	蜜蜂
Cliffs	悬崖
Clouds	云
Desert	沙漠
Dynamic	动态
Erosion	侵蚀
Fog	雾
Foliage	树叶
Forest	森林
Glacier	冰川
Peaceful	和平
River	河
Sanctuary	避难所
Serene	宁静
Tropical	热带
Vital	重要的
Wild	荒野

Numbers
数字

Decimal	十进制
Eight	八
Eighteen	十八
Fifteen	十五
Five	五
Four	四
Fourteen	十四
Nine	九
Nineteen	十九
One	一
Seven	七
Seventeen	十七
Six	六
Sixteen	十六
Ten	十
Thirteen	十三
Three	三
Twelve	十二
Twenty	二十
Two	二

Nutrition
营养

Appetite	食欲
Balanced	平衡的
Bitter	苦
Calories	卡路里
Carbohydrates	碳水化合物
Diet	饮食
Digestion	消化
Edible	食用
Fermentation	发酵
Flavor	味道
Habits	习惯
Health	健康
Liquids	液体
Nutrient	养分
Proteins	蛋白质
Quality	质量
Sauce	酱
Toxin	毒素
Vitamin	维生素
Weight	重量

Ocean
海洋

Algae	藻类
Coral	珊瑚
Crab	螃蟹
Dolphin	海豚
Eel	鳗鱼
Fish	鱼
Jellyfish	海蜇
Octopus	章鱼
Oyster	牡蛎
Reef	礁
Salt	盐
Seaweed	海藻
Shark	鲨鱼
Shrimp	虾
Sponge	海绵
Storm	风暴
Tides	潮汐
Tuna	金枪鱼
Turtle	乌龟
Whale	鲸

Photography
摄影

Black	黑色
Camera	照相机
Color	颜色
Composition	组成
Contrast	对比
Darkness	黑暗
Definition	定义
Exhibition	展览
Format	格式
Frame	框架
Lighting	灯光
Object	对象
Perspective	透视
Portrait	肖像
Shadows	阴影
Soften	软化
Subject	主题
Texture	质地
Visual	视觉的

Physics
物理学

Acceleration	加速度
Atom	原子
Chaos	混乱
Chemical	化学的
Density	密度
Electron	电子
Engine	引擎
Expansion	扩张
Formula	公式
Frequency	频率
Gas	气体
Magnetism	磁性
Mass	质量
Mechanics	力学
Molecule	分子
Nuclear	核
Particle	粒子
Relativity	相对论
Speed	速度
Universal	普遍的

Plants
植物

Bamboo	竹子
Bean	豆
Berry	浆果
Botany	植物学
Bush	灌木
Cactus	仙人掌
Fertilizer	肥料
Flora	植物
Flower	花
Foliage	树叶
Forest	森林
Garden	花园
Grass	草
Ivy	常春藤
Moss	苔藓
Petal	花瓣
Root	根
Stem	茎
Tree	树
Vegetation	植被

Professions #1
职业 #1

Ambassador	大使
Astronomer	天文学家
Attorney	律师
Banker	银行家
Cartographer	制图师
Coach	教练
Dancer	舞蹈家
Doctor	医生
Editor	编辑
Geologist	地质学家
Hunter	猎人
Jeweler	珠宝商
Musician	音乐家
Nurse	护士
Pianist	钢琴家
Plumber	水管工
Psychologist	心理学家
Sailor	水手
Tailor	裁缝
Veterinarian	兽医

Professions #2
职业 #2

Astronaut	宇航员
Biologist	生物学家
Dentist	牙医
Detective	侦探
Engineer	工程师
Farmer	农民
Gardener	园丁
Illustrator	插画家
Inventor	发明者
Journalist	记者
Librarian	图书管理员
Linguist	语言学家
Painter	画家
Philosopher	哲学家
Photographer	摄影师
Physician	医生
Pilot	飞行员
Surgeon	外科医生
Teacher	老师
Zoologist	动物学家

Psychology
心理学

Assessment	评估
Behavior	行为
Childhood	童年
Clinical	临床
Cognition	认识
Conflict	冲突
Dreams	梦想
Ego	自我
Emotions	情绪
Experiences	经验
Ideas	想法
Influences	影响
Perception	感知
Personality	个性
Problem	问题
Reality	现实
Sensation	感觉
Subconscious	潜意识
Therapy	治疗
Unconscious	无意识

Rainforest
雨林

Amphibians	两栖动物
Birds	鸟类
Botanical	植物
Climate	气候
Clouds	云
Community	社区
Diversity	多样性
Insects	昆虫
Jungle	丛林
Mammals	哺乳动物
Moss	苔藓
Nature	大自然
Preservation	保存
Refuge	避难所
Respect	尊重
Restoration	恢复
Species	物种
Survival	生存
Valuable	有价值的

Restaurant #2
餐厅 #2

Beverage	饮料
Cake	蛋糕
Chair	椅子
Delicious	美味
Dinner	晚餐
Eggs	蛋
Fish	鱼
Fork	叉子
Fruit	水果
Ice	冰
Lunch	午餐
Noodles	面条
Salad	沙拉
Salt	盐
Soup	汤
Spices	香料
Spoon	勺子
Vegetables	蔬菜
Waiter	服务员
Water	水

Science
科学

Atom	原子
Chemical	化学的
Climate	气候
Data	数据
Evolution	进化
Experiment	实验
Fact	事实
Fossil	化石
Gravity	重力
Hypothesis	假设
Laboratory	实验室
Method	方法
Minerals	矿物
Molecules	分子
Nature	大自然
Organism	生物
Particles	粒子
Physics	物理
Plants	植物
Scientist	科学家

Science Fiction
科幻小说

Atomic	原子
Books	书籍
Chemicals	化学品
Cinema	电影
Clones	克隆
Dystopia	反乌托邦
Explosion	爆炸
Extreme	极端
Fire	火
Futuristic	未来派
Galaxy	星系
Illusion	错觉
Imaginary	虚构的
Mysterious	神秘
Oracle	甲骨文
Planet	行星
Robots	机器人
Technology	技术
Utopia	乌托邦
World	世界

Scientific Disciplines
科学学科

Anatomy	解剖学
Archaeology	考古学
Astronomy	天文学
Biochemistry	生物化学
Biology	生物学
Botany	植物学
Chemistry	化学
Ecology	生态学
Geology	地质学
Immunology	免疫学
Kinesiology	运动学
Linguistics	语言学
Mechanics	力学
Mineralogy	矿物学
Neurology	神经学
Physiology	生理学
Psychology	心理学
Sociology	社会学
Thermodynamics	热力学
Zoology	动物学

Shapes
形状

Arc	弧
Circle	圈
Cone	锥体
Corner	角落
Cube	立方体
Curve	曲线
Cylinder	圆筒
Edges	边缘
Ellipse	椭圆
Hyperbola	双曲线
Line	线
Oval	椭圆形
Polygon	多边形
Prism	棱镜
Pyramid	金字塔
Rectangle	矩形
Side	边
Square	广场
Triangle	三角形

Spices
香料

Bitter	苦
Cardamom	豆蔻
Cinnamon	肉桂
Clove	丁香
Coriander	香菜
Cumin	孜然
Curry	咖喱
Fennel	茴香
Fenugreek	胡芦巴
Flavor	味道
Garlic	大蒜
Ginger	姜
Licorice	甘草
Nutmeg	肉豆蔻
Onion	洋葱
Paprika	辣椒粉
Saffron	藏红花
Salt	盐
Sweet	甜蜜的
Vanilla	香草

Sport
运动

Ability	能力
Athlete	运动员
Body	身体
Bones	骨头
Cardiovascular	心血管
Coach	教练
Cycling	循环
Dancing	跳舞
Diet	饮食
Endurance	耐力
Goal	目标
Health	健康
Jogging	跑步
Maximize	最大化
Metabolic	代谢
Muscles	肌肉
Nutrition	营养
Program	程序
Sports	体育
Strength	力量

Technology
技术

Blog	博客
Browser	浏览器
Bytes	字节
Camera	照相机
Computer	电脑
Cursor	光标
Data	数据
Digital	数字
File	文件
Font	字体
Internet	互联网
Message	信息
Research	研究
Screen	屏幕
Security	安全
Software	软件
Statistics	统计数据
Virtual	虚拟
Virus	病毒

The Company
该公司

Business	商业
Creative	创意
Decision	决定
Employment	就业
Industry	工业
Innovative	创新的
Investment	投资
Possibility	可能性
Presentation	介绍
Product	产品
Professional	专业的
Progress	进展
Quality	质量
Reputation	声誉
Resources	资源
Revenue	收入
Risks	风险
Trends	趋势
Units	单位
Wages	工资

The Media
媒体

Advertisements	广告
Attitudes	态度
Communication	沟通
Digital	数字
Edition	版
Education	教育
Facts	事实
Funding	资金
Images	图像
Individual	个人
Industry	工业
Intellectual	知识分子
Local	本地
Magazines	杂志
Network	网络
Newspapers	报纸
Online	网上
Opinion	意见
Photos	照片
Radio	收音机

Time
時間

Annual	每年
Before	以前
Calendar	日历
Century	世纪
Clock	时钟
Day	日
Decade	十年
Early	早
Future	未来
Hour	小时
Minute	分钟
Month	月
Morning	早晨
Night	晚上
Noon	中午
Now	现在
Soon	很快
Today	今天
Week	周
Year	年

Town
小镇

Airport	机场
Bakery	面包店
Bank	银行
Bookstore	书店
Cinema	电影
Clinic	诊所
Florist	花店
Gallery	画廊
Hotel	酒店
Library	图书馆
Market	市场
Museum	博物馆
Pharmacy	药店
School	学校
Stadium	体育场
Store	商店
Supermarket	超级市场
Theater	剧院
University	大学
Zoo	动物园

Universe
宇宙

Asteroid	小行星
Astronomer	天文学家
Astronomy	天文学
Atmosphere	大气层
Celestial	天体
Cosmic	宇宙
Darkness	黑暗
Equator	赤道
Galaxy	星系
Hemisphere	半球
Horizon	地平线
Latitude	纬度
Moon	月亮
Orbit	轨道
Sky	天空
Solar	太阳的
Solstice	冬至
Telescope	望远镜
Visible	可见
Zodiac	黄道带

Vacation #2
假期 #2

Airport	机场
Beach	海滩
Camping	露营
Destination	目的地
Foreign	外国
Foreigner	外国人
Holiday	假期
Hotel	酒店
Island	岛
Journey	旅程
Leisure	暇
Map	地图
Passport	护照
Restaurant	餐厅
Sea	海
Taxi	出租车
Tent	帐篷
Train	火车
Transportation	运输
Visa	签证

Vegetables
蔬菜

Artichoke	朝鲜蓟
Broccoli	西兰花
Carrot	胡萝卜
Cauliflower	花椰菜
Celery	芹菜
Cucumber	黄瓜
Eggplant	茄子
Garlic	大蒜
Ginger	姜
Mushroom	蘑菇
Onion	洋葱
Parsley	香菜
Pea	豌豆
Pumpkin	南瓜
Radish	萝卜
Salad	沙拉
Shallot	葱
Spinach	菠菜
Tomato	番茄
Turnip	芜菁

Vehicles
车辆

Airplane	飞机
Ambulance	救护车
Bicycle	自行车
Boat	船
Bus	总线
Car	汽车
Caravan	大篷车
Engine	引擎
Ferry	渡轮
Helicopter	直升机
Motor	马达
Raft	筏
Rocket	火箭
Scooter	滑板车
Submarine	潜艇
Subway	地铁
Taxi	出租车
Tires	轮胎
Tractor	拖拉机
Truck	卡车

Visual Arts
视觉艺术

Architecture	建筑
Artist	艺术家
Chalk	粉笔
Charcoal	木炭
Clay	粘土
Creativity	创造力
Easel	画架
Film	电影
Masterpiece	杰作
Painting	绘画
Pen	笔
Pencil	铅笔
Perspective	看法
Photograph	照片
Portrait	肖像
Pottery	陶器
Sculpture	雕塑
Stencil	模具
Wax	蜡

Water
水

Canal	运河
Damp	潮湿
Evaporation	蒸发
Flood	洪水
Frost	霜
Geyser	间歇泉
Humidity	湿度
Hurricane	飓风
Ice	冰
Irrigation	灌溉
Lake	湖
Moisture	水分
Monsoon	季风
Ocean	海洋
Rain	雨
River	河
Shower	淋浴
Snow	雪
Steam	蒸汽
Waves	波浪

Weather
天气

Atmosphere	大气
Breeze	微风
Climate	气候
Cloud	云
Drought	干旱
Dry	干燥
Fog	雾
Hurricane	飓风
Ice	冰
Lightning	闪电
Monsoon	季风
Polar	极地
Rainbow	彩虹
Sky	天空
Storm	风暴
Temperature	温度
Thunder	雷声
Tornado	龙卷风
Tropical	热带
Wind	风

Congratulations

You made it!

We hope you enjoyed this book as much as we enjoyed making it. We do our best to make high quality games.
These puzzles are designed in a clever way for you to learn actively while having fun!

Did you love them?

A Simple Request

Our books exist thanks your reviews. Could you help us by leaving one now?

Here is a short link which will take you to your order review page:

BestBooksActivity.com/Review50

MONSTER CHALLENGE!

Challenge #1

Ready for Your Bonus Game? We use them all the time but they are not so easy to find. Here are **Synonyms**!

Note 5 words you discovered in each of the Puzzles noted below (#21, #36, #76) and try to find 2 synonyms for each word.

Note 5 Words from ***Puzzle 21***

Words	Synonym 1	Synonym 2

Note 5 Words from ***Puzzle 36***

Words	Synonym 1	Synonym 2

Note 5 Words from ***Puzzle 76***

Words	Synonym 1	Synonym 2

Challenge #2

Now that you are warmed-up, note 5 words you discovered in each Puzzle noted below (#9, #17, #25) and try to find 2 antonyms for each word. How many lines can you do in 20 minutes?

Note 5 Words from ***Puzzle 9***

Words	Antonym 1	Antonym 2

Note 5 Words from ***Puzzle 17***

Words	Antonym 1	Antonym 2

Note 5 Words from ***Puzzle 25***

Words	Antonym 1	Antonym 2

Challenge #3

Wonderful, this monster  challenge is nothing to you!

Ready for the last one? Choose your 10 favorite words discovered in any of the Puzzles and note them below.

1.	6.
2.	7.
3.	8.
4.	9.
5.	10.

Now, using these words and within a maximum of six sentences, your challenge is to compose a text about a person, animal or place that you love!

Tip: You can use the last blank page of this book as a draft!

Your Writing:

NOTEBOOK:

SEE YOU SOON!

Linguas Classics Team

www.ingramcontent.com/pod-product-compliance
Lightning Source LLC
LaVergne TN
LVHW060315080526
838202LV00053B/4338
* 9 7 8 2 3 8 5 1 1 0 8 8 8 *